Zur

Psychologie der Aussage.

Experimentelle Untersuchungen über Erinnerungstreue.

Von

L. William Stern,
Privatdozent der Philosophie an der Universität Breslau.

Mit 3 Bildern.

Berlin 1902.
J. Guttentag, Verlagsbuchhandlung,
G. m. b. H.

Sonderabdruck
aus der „Zeitschrift für die gesamte Strafrechtswissenschaft“
Bd. XXII Heft 2/3.

Vorbemerkung.

Ein Problem der angewandten Psychologie ist es, zu dessen Bearbeitung diese Abhandlung einen ersten Beitrag liefern soll. Das psychologische Phänomen, um welches es sich handelt, ist die Treue bezw. Untreue der Erinnerung; als Anwendungsgebiet kommt in erster Linie die Rechtspflege in Betracht, aus welchem Grunde die Arbeit in einer juristischen Zeitschrift publiziert wird.

Indessen sind die Juristen nicht die einzigen Interessenten, an die ich mich wenden möchte. Ganz abgesehen von den selbstverständlichen Beziehungen zur Psychologie, verzweigt sich, wie mir scheint, die Anwendungsmöglichkeit der folgenden Untersuchungen noch nach mehreren Seiten: zur Pädagogik, zur Psychiatrie, zur Erkenntnistheorie und wissenschaftlichen Methodologie hin. Um nun auch diesen nicht-juristischen Fachkreisen die Arbeit zugänglich zu machen, wird die vorliegende Sonderausgabe veranstaltet.

Der doppelten Erscheinungsweise suchte ich die Abfassungsform anzupassen; demnach lieferten die dem Juristen am nächsten liegenden Fragestellungen zwar den Hauptleitfaden der Entwicklung; doch sind an geeigneten Stellen auch die für andere Interessensphären maßgebenden Gesichtspunkte angedeutet worden. —

Wenn ich oben von einem Beitrag zur angewandten Psychologie spreche, möge man dies freilich nicht dahin verstehen, daß der gegenwärtig zu bietende Stoff schon Nutzanwendungen auf praktische Kulturfragen erlaubte; im Gegenteil sei hier ausdrücklich betont, daß ich zur Zeit einen Versuch, aus meinen Befunden Forderungen für irgendwelche Praxis abzuleiten, noch durchaus für verfrüht halte. Ehe wir zu Anwendungen der theoretischen Befunde berechtigt sind, müssen wir über ein unendlich vielfältigeres Material verfügen.

Nicht also weil ich die Arbeit für abgeschlossen halte, übergebe ich sie schon jetzt der Öffentlichkeit, sondern weil ich ihren Abschluß allein nicht herbeizuführen vermag.

An anderer Stelle*) habe ich kürzlich die Anschauung vertreten: es werde der Psychologie sehr förderlich sein, wenn sie die heut herrschende Arbeitszersplitterung, bei der jeder Forscher sein Problem mit dem ihm zur Verfügung stehenden kärglichen Material an Zeit, Menschen und Apparaten zu lösen sucht, verließe und in geeigneten Fällen zu der in andern Wissenschaften längst üblichen organisierten Arbeitsgemeinschaft überginge. Zu der Kategorie von Problemen, die ein solches systematisches Zusammenarbeiten mehrerer Forscher erlauben, ja fordern, gehören nun aber vor allem die der angewandten Psychologie und so auch dasjenige, das den Inhalt der folgenden Arbeit bildet. Deshalb nehme ich heut Veranlassung, jene allgemeine Anregung auf den Einzelfall zu übertragen: ich lege diese Abhandlung den Fachleuten der verschiedenen in Betracht kommenden Disziplinen mit der Bitte vor, an der Weiterführung der Versuche mitzuwirken; nur in planvoll gemeinsamer Arbeit dürfen wir hoffen, die Einsicht in Wesen und Wahrheitswert der Erinnerung so zu steigern und zu festigen, daß Anwendungen auf Fragen der praktischen Kultur dereinst möglich werden.

Breslau, im Januar 1902.

W. Stern.

---

*) Über Arbeitsgemeinschaft in der Psychologie. IV Congrès international de Psychologie. Paris, Alcan 1901. S. 435.

Inhalt.

Im Folgenden soll über Untersuchungen berichtet werden, die einer dem Juristen im allgemeinen fernliegenden Disziplin, der experimentellen Psychologie, angehören, die aber mit ihren Nutzanwendungen hinüberreichen in juristische Interessensphären: es sind Experimente zur Psychologie der Erinnerung. Der ursprüngliche Zweck der Untersuchungen war in erster Linie ein theoretisch-psychologischer gewesen; der Gedanke an etwaige daraus zu ziehende Schlußfolgerungen für andre Gebiete: Pädagogik, Psychiatrie und Rechtspflege, spielte erst in zweiter Reihe mit. Im Laufe der Versuche trat indes ihre praktische, insbesondere juristische Verwertungsmöglichkeit mehr und mehr hervor; schienen sie doch geeignet, den Weg zu weisen zur Beantwortung der für die praktische Rechtsübung wichtigen Frage: *inwiefern die Durchschnittsaussage des normalen einwandfreien Zeugen als eine korrekte Wiedergabe des objektiven Thatbestandes betrachtet werden könne.*

Ich möchte hier die Bitte aussprechen, den Umstand, daß die Versuche von einem juristischen Laien herrühren und daß das juristische Problem nicht ihr ursprüngliches Hauptziel war, bei der Beurteilung der folgenden Darlegungen im Auge zu behalten. Wenn, wie ich hoffe, meine Resultate zu weiteren Forschungen über die Psychologie der Zeugenaussage anregen sollten, so wird nunmehr durch eine von vornherein auf dieses Ziel hin gerichtete Versuchsanordnung und durch die Beteiligung juristischer Fachleute an der Arbeit eine wesentliche Vervollkommnung der Experimente möglich werden.

An dieser Stelle werde ich aus den Ergebnissen der Untersuchungen nur diejenigen herausgreifen, die über die Erinnerungstreue Aufschluß geben, und auch hierbei werde ich mich auf das Wichtigste beschränken. Die Gesamtheit meiner Resultate, die sich auf die allgemeinen Gesetzmäßigkeiten und die individuellen Differenzierungen des Auffassens und Anschauens, des Behaltens und Vergessens und andrer seelischer Funktionen beziehen, sowie ihre ausführlichere psychologische Erörterung gedenke ich später in einem andern Zusammenhang zu geben.

I. Die Erinnerungstreue.

Wir verstehen unter Gedächtnis ganz allgemein die Thatsache, daß Eindrücke, die irgend wann einmal der Psyche zugeführt worden sind, in späterer Zeit nachzuwirken vermögen. Nach der Art aber, wie sich diese Nachwirkungen äußern, lassen sich sehr verschiedene Funktionen des Gedächtnisses unterscheiden. Da ist das „Wiedererkennen", welches bei einer erneuten Wahrnehmung das Schon-einmal-Dagewesensein des Objekts konstatiert — das „Auswendigkönnen", welches über eine Reihe von Vorstellungen, die im Lernprozeß angeeignet sind, frei verfügt — die „Phantasie", welche zu ihren Gebilden als Bausteine doch nur Erfahrungen der Vergangenheit verwerten kann — endlich die „Erinnerung", welche eine bestimmte Verbindung einzelner im Gedächtnis vorhandener Elemente bewußt in einen bestimmten Zeitpunkt der Vergangenheit, da sie als Eindrücke aufgenommen wurden, zurückprojiziert.

Die junge Wissenschaft der experimentellen Psychologie hat nun in dem letzten Jahrzehnt auch das Gedächtnis ihrer Methode zu unterwerfen gesucht und seit den grundlegenden Experimenten von Ebbinghaus, Müller-Schumann und andern eine Reihe wichtiger Einsichten gewonnen. Fast alle diese Untersuchungen haben indes nur eine der oben genannten Gedächtnisfunktionen zum Gegenstande gehabt: den Prozeß des Lernens und seine Folge, das Auswendigkönnen; so wichtig aber auch diese Funktion ist, sie ist nicht die einzige; und ich stellte mir nun die Aufgabe, eine vom Experiment bisher noch weniger berührte Seite des Gedächtnisses: die Erinnerungsfähigkeit, zu prüfen.

Das Spezifikum der Erinnerung ist, wie schon eben angedeutet, die bewußte Beziehung einer Gedächtnisvorstellung auf einen bestimmten, an einem Zeitpunkt der Vergangenheit dagewesenen objektiven Thatbestand. Wenn ich z. B. einen Vortrag halte, so muß ich einen größeren Wissensstoff als selbstverständlich beherrschen, ohne daß ich mir Rechenschaft darüber geben konnte, wo ich ihn mir im einzelnen angeeignet habe, ja ohne daß er mir überhaupt als selbständiger Bewußtseinsinhalt isoliert erfaßbar wäre: ich habe ihn im Gedächtnis, aber nicht in der Erinnerung. Ich weiß das ABC auswendig, kann es aber nicht mit irgend einem bestimmten Zeitpunkt meiner Vergangenheit, da es mir etwa zum ersten Mal begegnete, in Beziehung setzen: ich erinnere mich seiner Einprägung nicht. Böcklin malte seine Landschaften aus dem Gedächtnis, aber sicherlich nicht aus der Erinnerung; d. h. die Bilder der Bäume, Berge usw. waren in ihm, aber nicht verbunden mit dem Bewußtsein, daß er diesen Baum dort und damals gesehen habe — gleichsam ohne zeitliche und örtliche Signatur. Erinnerung liegt dagegen vor, wenn der Vater dem Kinde aus seiner Jugendzeit erzählt, wenn der Memoirenschreiber den Krieg, den er mitgemacht, schildert, wenn der Knabe den Eltern seine Schulerlebnisse desselben Vormittags berichtet, wenn der Zeuge vor Gericht über etwas, was er an einem bestimmten Tage gesehen oder gehört, aussagen soll. Ich denke, diese Beispiele genügen, um den spezielleren Begriff der Erinnerung aus dem allgemeineren des Gedächtnisses herauszuheben.

Der ideelle Zweck der Erinnerung ist hiernach ohne weiteres klar: sie soll eine vergangene Wirklichkeit fixieren. Sie hat für das Einzelleben des Menschen eine Rolle zu spielen, wie sie die Geschichte für die Menschheit spielt: gewesenes reales Sein in gegenwärtiges gewußtes Sein zu verwandeln. Aber erfüllt nun die Erinnerung auch diesen ideellen Zweck? Ist ihr Inhalt wirklich Wahrheit, d. h. Kopie einer vergangenen realen Thatsächlichkeit? Der gesunde Menschenverstand glaubt es im allgemeinen. Wenn nicht besondere Gründe vorliegen, wird das Bild, das jemand von seiner Kindheit, von einer Reise des Vorjahres, von den Erlebnissen des gestrigen Tages in sich trägt, oder durch Sich-Besinnen oder durch Fragen rekonstruiert, als selbstverständlich korrekte Abbildung jener Erlebnisse betrachtet. Nur eines wird sofort anerkannt und zugegeben: die Lückenhaftigkeit der Kopie. Die Thatsache des Vergessens ist zu aufdringlich, als daß sie übersehen werden könnte; ja, man bemerkt sogar bald, daß das Vergessen die Regel, die Erinnerung die Ausnahme ist; nur verschwindend wenige von den Eindrücken, die ich durch Tag und Jahr und Jahrzehnt in mich aufnehme, sind lebensfähig in der Weise, daß sie später als Erinnerungsbilder wieder auftauchen können. Also das teilweise oder gänzliche Ausfallen, das allmähliche Schwächerwerden der Erinnerungsbilder bis zum völligen Schwinden wird zugegeben, mehr aber nicht. Für das, was überhaupt erinnerbar ist, nimmt die gemeine Meinung ohne weiteres Übereinstimmung mit der Wahrheit an; sie teilt hier die grobsinnliche Anschauung mancher Psychologen, als ob die Wahrnehmungen, so wie sie waren, in den Depositenkammern des Hirns niedergelegt seien, aus denen sie bei der Erinnerung als „Vorstellungen" wohl konserviert und unverändert wieder hervorgeholt werden können. Hierauf verläßt man sich so, daß man jedesmal, wenn eine aufdringliche Nichtübereinstimmung von Erinnerungsaussage und Wahrheit in die Erscheinung tritt, und außerordentliche Ursachen hierfür sich durchaus nicht zeigen wollen, gänzlich aus der Fassung gerät. Jeder hat schon an sich selbst hier und da die Erfahrung gemacht, daß Erinnerungen, „auf die er hätte schwören mögen", sich als Fälschungen erwiesen. Man ist fest überzeugt, einen Brief adressiert zu haben, und hat es nicht gethan; man macht sich ein bestimmtes Bild von einer Gegend, in der man vor Jahren war, und ist erstaunt, wie wenig beim Wiedersehen die Wirklichkeit der Erinnerung entspricht usw. usw. Aber obwohl jeder an sich solche gelegentlichen Erfahrungen kennt, betrachtet man sie meist doch nur als Kuriositäten, als ganz exzeptionelle Schwächen, und vertraut im allgemeinen nach wie vor mit gleicher Unbedenklichkeit auf die Richtigkeit seiner Erinnerungen.

Bedenklicher wird man schon, wenn man bei andern auf gefälschte Erinnerungen stößt. Da drängen sich die zahllosen Unwahrheiten der Kinder auf, die Gascognaden der Aufschneider, die Diskrepanzen in den Schilderungen, welche mehrere Zuschauer von derselben Scene geben, und dann vor allem jenes verwirrende Chaos, in welches uns oft die gerichtlichen Aussagen von Parteien und Zeugen stürzen — ein Chaos von Widersprüchen, welches uns mit höchster Evidenz lehrt, daß hier zahllose Unrichtigkeiten gesagt werden müssen, welches uns aber um so unfähiger macht, zu erkennen, wie denn die objektive Wirklichkeit ausgesehen haben mag.

Trotz dieser Fülle feststellbarer Erinnerungsfälschungen, die eine vielleicht noch größere Fülle unkontrollierbarer ahnen lassen, bleibt die herrschende Anschauung dennoch dabei stehen, daß das Normale und Natürliche die Übereinstimmung von Aussage und Wirklichkeit ist; sie sucht daher jede Nichtübereinstimmung mit außergewöhnlichen Gründen zu erklären, von denen vor allen zwei wieder und wieder vorhalten müssen: die bewußte böswillige bezw. grob fahrlässige Lüge und die pathologische Unwahrheit. Ein Zeuge gilt als „glaubwürdig“, sobald er einerseits einer absichtlichen Täuschung des Richters nicht fähig erscheint, sobald er anderseits psychisch normal und damit der Tragweite seiner Äußerungen sich bewußt und zur durchschnittlichen Selbstkontrolle seiner Erinnerungsbilder fähig ist. Und was gar von einem solchen Zeugen beeidigt ist, das hat damit gleichsam den letzten Erdenrest von Subjektivität abgestreift; es ist reine, spiegelklare, goldechte Objektivität. Umgekehrt: wird ein Zeuge einer offensichtlichen Unrichtigkeit in seinen Aussagen überführt, so hat er sich entweder schuldhaft gemacht (durch grobe Fahrlässigkeit bezw. absichtliche Täuschung), oder er muß dem psychiatrischen Sachverständigen überliefert werden.

Nun ist ja die Alternative: „strafbare oder pathologische Unwahrheit?“ — bequem und einfach, aber reicht sie auch aus? Die herrschende Anschauung glaubt, wie erwähnt, diese Frage im allgemeinen bejahen zu können; aber es ist doch schon eine nicht ganz unbedeutende Minorität, die sie verneint. Viele, die aus beruflichen oder sonstigen Interessen der Rechtspflege ihre Aufmerksamkeit zuwandten, haben schon längst die Überzeugung ausgesprochen, daß moralische und medizinische Einwandlosigkeit keine Gewähr für die Richtigkeit der Erinnerungsaussage bieten; man vermutete die Existenz einer normalen psychologischen Unwahrhaftigkeit, die bei der Bewertung der Zeugenaussage in Betracht gezogen werden müsse, wenn man nicht einer blinden unberechtigten Vertrauensseligkeit anheim fallen wolle. Man wies hin auf die mannigfachen Quellen für solche normalen Erinnerungsfälschungen: schlechte Beobachtung, starke Phantasie, Auto- und Fremdsuggestion, Verwechselung von Autopsie und Hörensagen, Gemütsbeteiligung, Beeinflussung durch richterliche Fragen usw. Aber es blieb hier bei Vermutungen und instinktiven Überzeugungen; man ahnte die Tragweite dieser normalen Täuschungen, man belegte sie hier und da mit amüsanten mehr oder minder anekdotenhaften Beispielen, aber es fehlte bisher völlig an einem zwingenden Nachweis und einer exakten Kontrolle ihrer Existenz, ihres Umfangs, ihrer Beschaffenheit und ihrer Ursachen.

Hier ist nun der Punkt, wo das psychologische Experiment einzusetzen vermag. Der moderne Psychologe ist — mit wenigen Ausnahmen — längst über die Meinung hinaus, als ob die Erinnerungsvorstellung eine Art verblaßten Photogramms der Wahrnehmung wäre. Er hat auch schon bei zahlreichen speziellen Untersuchungen Diskrepanzen nachgewiesen; doch waren die Experimente bisher nicht geeignet, auf die juristische Fragestellung direkte Anwendung zu finden[1]). Dies aber ist, wie ich hoffe, bei meinen Versuchen möglich.

Was das Experiment in unsrer Frage leisten kann, ist vor allem eins: die Konfrontation der objektiven Wirklichkeit mit der Erinnerungsaussage über sie, und damit eine exakte Kontrolle der letzteren. Es müssen also Erinnerungsaussagen erzeugt werden über Thatbestände, die nicht, wie die meisten Daten des realen Lebens, mit dem Moment einmaliger Wahrnehmung unwiederbringlich dahin, sondern dauernd fixiert oder fixierbar sind, und daher mit der Aussage direkt verglichen werden können. Solche Thatbestände sind: Bilder, die gezeigt, Texte, die vorgelegt werden; will man „Vorgänge" benutzen, so wäre an den Kinematographen zu denken, oder an Theaterscenen, für deren Verlauf das Textbuch nachher den Vergleichsmaßstab bietet.

Meine Versuche beziehen sich bisher auf Bilder und Texte; da ich die Resultate bei letztern noch nicht bearbeiten konnte (mit Ausnahme des im Anhang geschilderten „experimentellen Gerüchts"), so gilt die folgende Darstellung den bei Bildern erzielten Ergebnissen.

II. Die Versuchsanordnung[2]).

Ich selbst habe mit 25 Personen die Versuche angestellt; außerdem hat Herr Prof. Jonas Cohn in Freiburg meine Zwecke in freundschaftlicher Weise gefördert, indem er weitere 8 Personen

---

[1]) Eine Ausnahme bilden die Versuche des französischen Psychologen A. Binet über die Beeinflussung der Kinderaussagen durch Suggestivfragen; hierüber berichte ich im zweiten Anhang.

[2]) Die Idee zu der Versuchsanordnung habe ich bereits vor einiger Zeit veröffentlicht: Über Psychologie der individuellen Differenzen (Heft 12 der Schriften der Gesellschaft für psychologische Forschung, Leipzig 1900) S. 63 ff.

in genauer Übereinstimmung mit meiner Versuchsanordnung prüfte; ihm sei hierfür an dieser Stelle mein herzlichster Dank ausgesprochen, ebenso wie allen Versuchspersonen für ihre Mühewaltung.

Ich verfüge somit im ganzen über ein Material von 33 Personen: 25 Herren, 8 Damen. Bei 30 von ihnen konnten die durch drei Wochen sich erstreckenden Versuche vollständig durchgeführt werden; die folgenden Angaben beziehen sich, mit geringen Ausnahmen, nur auf diese 30. Die Prüflinge gehörten sämtlich den gebildeten Ständen an; die Herren waren mit Ausnahme eines Zeichenlehrers und eines 43jährigen Mathematikers Studenten verschiedener Fakultäten im Alter von 18—24 Jahren. Unter den 8 Damen waren 5 Hörerinnen an der Universität, ferner eine Schriftstellerin, ein junges Mädchen und eine ältere Dame ohne Beruf; die Jüngste war 17, die Älteste 46 Jahre alt.

Als Objekte, über welche die Aussagen zu machen waren, wählte ich nicht, wie es andre Experimentatoren bei früheren Erinnerungsversuchen gethan, einfache Sinneseindrücke, (Farben, Linien, Worte, Töne) sondern mit Absicht komplizierte und vielgestaltige Thatbestände, um darin der Komplikation des natürlichen Lebens näher zu kommen [3]). Ich benutzte drei gedruckte Schwarz-Weiß-Bilder, deren Reproduktionen in geringer Verkleinerung dem Schluß dieser Arbeit beigegeben sind [4]). Für die Wahl der Bilder war bestimmend, daß sie einen möglichst entlegenen Ursprung hatten und daher voraussichtlich den Prüflingen nicht unter die Augen gekommen waren, ferner, daß sie verschiedene Schwierigkeiten enthielten in Bezug auf die Fülle, die Deutlichkeit und den inneren Zusammenhang der Einzelheiten; am leichtesten ist in dieser Hinsicht das Bild des alten Mannes, am

---

[3]) Es ist der Franzose Binet, der als erster darauf hingewiesen hat, daß das Studium der Elementarphänomene zwar für die theoretische allgemeine Seelenforschung stets die Grundlage bilden wird, daß aber eine angewandte und individualisierende Psychologie ihre Ergebnisse vorwiegend an komplexeren Erscheinungen wird erarbeiten müssen.

[4]) Das Bild „Maler" war eine Lithographie von Robert Beielstein, durch welche der Künstler seinen Bekannten seinen Wohnungswechsel mitteilte; das Bild „Hasen" stammte aus der Mappe „Aus Tier und Menschenleben. 25 Federskizzen zur Erheiterung von Jung und Alt. Von Käthe Schönberger. Verlag von Ludwig Schönberger, Wien und Leipzig". Das Bild „Großvater" war eine Reproduktion eines Gemäldes von Luigi Becchi in Florenz, die einem Katalog des Kunst-Auktionshauses von Rudolf Lepke, Berlin, entnommen war. (Katalog 931. Galerie Spranger, Florenz 1894, Nr. 80.)

schwersten das Malerbild mit seiner unorganischen Menge von Objekten. Mit diesen Bildern stellte ich zwei Serien von Experimenten an, die ich als Hauptversuch und Beeidigungsversuch unterscheide. —

A. Im Hauptversuch war das Verfahren das folgende: Den Versuchspersonen wurde vorher mitgeteilt, daß sie ein Bild in die Hand bekommen würden, welches sie genau betrachten und sodann schriftlich beschreiben sollten. Ferner wurde ihnen eingeprägt, daß sie nachher weder mit den übrigen Versuchspersonen oder jemand andern darüber sprechen, noch sonst daran denken sollten, soweit es in ihrer Macht stände.

Jedes Bild wurde dann genau nach der Uhr 3/4 Minuten lang der Versuchsperson zur Betrachtung ausgehändigt. Diese Zeit erscheint zunächst ziemlich kurz, ist aber recht lang; man mache die Probe, daß man sich ein Bild vornehme und es gründlich betrachte, bis man glaubt, es genügend gesehen zu haben; und man wird meist finden, daß man hierzu weniger als 3/4 Minuten braucht. In der That sagten mir auch oft meine Prüflinge, daß sie eigentlich schon vor Ablauf der Frist mit der Betrachtung „fertig“ gewesen seien.

Nach 3/4 Minuten nahm ich das Bild wieder an mich und forderte nun den Prüfling auf, es sofort zu beschreiben; ich habe also von jeder Person über jedes Bild eine unmittelbar nach der Beobachtung gemachte Aussage, die ich primäre Aussage nennen will.

Außerdem wurden im Laufe der folgenden drei Wochen noch Wiederholungsaussagen („sekundäre Aussagen“)[5]) gefordert, indem an einem bestimmten Tage mündlich oder schriftlich die Aufforderung an die Versuchsperson gerichtet wurde: „Beschreiben Sie das Bild „Malers Umzug“ aus dem Gedächtnis!“ Und zwar wurde von dem Bilde „Großvater“ nur eine sekundäre Aussage verlangt am Schluß der dritten Woche nach der Vorlegung, vom Hasenbild zwei: je eine am Schluß der zweiten und am Schluß der dritten

[5]) Die Ausdrücke „primäre“ und „sekundäre“ Aussage lehnen sich an einen Sprachgebrauch der Psychologie an; sie spricht von „primärem Gedächtnis“ dort, wo sich die Nachwirkung einer Wahrnehmung ohne Pause an diese selbst schließt, dagegen von „sekundärem Gedächtnis“ dort, wo eine Vorstellung wieder auftaucht, nachdem sie als Eindruck längst abgeklungen und von andern Vorstellungen im Bewußtsein abgelöst worden war.

Woche, und vom Maler drei: 5 Tage, 14 Tage und 21 Tage nach der Vorlegung. Diese Anordnung hatte den Zweck, einesteils die Wirkung verschiedener Zeitdistanzen zwischen Vorlegung und Aussage zu prüfen, anderenteils die etwaigen Fehler durch mehrere Aussagen hindurch verfolgen zu können.

Schema der Aussagen.

(I bedeutet eine primäre, II eine sekundäre Aussage.)

	Tag der Vorlegung	erste Woche	zweite Woche	dritte Woche
Maler	I	II	II	II
Hasen	I		II	II
Großvater	I			II

Es sind somit von jeder Person 4 Aussagen über den Maler, 3 über die Hasen, 2 über den Großvater, in Summa 9 Aussagen geliefert worden; von 30 Personen 270 Aussagen. —

B. Der Beeidigungsversuch. An diesen Hauptversuch schloß ich dann bei dem größten Teil der Versuchspersonen noch einen Nachversuch an, der in gewisser Weise die Zuverlässigkeit der beeideten Aussagen kontrollieren sollte. Nach einer Reihe von Wochen — die Zwischenzeit ist bei den verschiedenen Personen sehr verschieden — stellte ich noch einmal das Verlangen, die drei Bilder aus dem Gedächtnis zu beschreiben; nachdem dies geschehen, fügte ich die Forderung hinzu: „Ich bitte Sie, an dieser Niederschrift dasjenige zu unterstreichen, was Sie, wenn es sich um eine gerichtliche Aussage handelte, beschwören würden.“ Bei den von Prof. Cohn geprüften Versuchspersonen wurde diese „Vereidigung“ schon an der letzten Aussage des Hauptversuchs, also drei Wochen nach der Wahrnehmung, vorgenommen.

Derartige teilweise beeidigte Aussagen liegen mir von 23 Personen, 17 Herren und 6 Damen vor; die Zahl dieser Aussagen beläuft sich auf 63. —

C. Die Verarbeitung. Ich habe schließlich zu berichten, in welcher Weise ich das so gewonnene Material bearbeitet habe.

Da mir daran lag, die Erinnerungsfehler sowohl quantitativ statistisch, wie auch qualitativ psychologisch festzustellen, mußten die

Aussagen möglichst in ihre Elemente zerlegt werden. Zu diesem Behuf ließ ich mir für jedes Bild Listen drucken, die alle auf dem Bilde enthaltenen Einzelheiten nannten, und trug nun für jede Aussage jeder Person alles richtig Genannte in die betreffenden Reihen der Listen mit einem Pluszeichen, alles Verfälschte mit einem Minuszeichen ein. Durch Addition ergab sich so für jede Aussage die Summe aller genannten Elemente, also der *Umfang der Erinnerung*, anderseits die Summe der gemachten Fehler; der Quotient beider Zahlen ergibt dann den *Prozentsatz der Fehlerhaftigkeit*.

Ein Beispiel: Es enthalte eine Aussage 50 Einzelangaben, darunter 3 falsche; dann sind $^3/_{50} = 6\%$ der Aussagen falsch. Der Vergleichbarkeit halber werde ich die Fehlerbestimmungen fast immer in prozentueller Berechnung machen.

Gegen diese Zählung ist nun vor allem einzuwenden: die Wichtigkeit der einzelnen Elemente sei viel zu verschieden, als daß man sie alle gleichmäßig als 1 bewerten könne. Es bedeutet z. B. eine ganz andre Fehlerhaftigkeit, wenn auf dem Hasenbild die Hasen in Katzen, als wenn der Stock am Baum in einen Schirm verwandelt wird. Diese Nivellierung der Unterschiede, der Grundmangel aller Statistik, ist unbestreitbar; ganz ist er auch nie zu vermeiden, weil sonst eben jede Zählung aufhören müßte. Indessen habe ich doch versucht, den allergröbsten Abstufungen in der Berechnung dadurch gerecht zu werden, daß ich die wichtigsten Dinge doppelt zählte. Ich wählte ein für allemal die eigentlich integrierenden und besonders stark in die Augen fallenden Bestandteile jedes Bildes heraus, ließ sie in den Listen durch den Druck hervorheben, und berechnete sie als doppelt richtig, wenn sie korrekt, als doppelte Fehler, wenn sie falsch genannt worden waren. Es gab auch Fälle, in denen ich etwas als halb richtig, halb falsch anstreichen und berechnen mußte, so z. B., wenn es von der Palette des Malers hieß, sie werde unter dem Arm getragen.

Man sieht schon aus diesen Andeutungen, daß eine psychologische Fehlerstatistik nicht, wie etwa eine Krankheits- oder Steuerstatistik, als eine rein mechanische, der Willkür völlig entzogene Registrierung exakter und eindeutiger Zahlengrößen betrachtet werden darf; dazu ist das Material viel zu sehr qualitativ differenziert. Wir müssen schon zufrieden sein, wenn die Statistik uns über gewisse quantitative *Verhältnisse* einige grobe Aufschlüsse gibt;

die folgenden Zahlenangaben sind daher — wie bei den meisten psychologischen Experimenten — nicht so sehr ihren absoluten, als ihren relativen Werten nach von Bedeutung.

III. Das Hauptergebnis.

Vergegenwärtigt man sich die Versuchsanordnung, so leuchtet ohne weiteres ein, daß das Experiment nicht als eine eigentliche Nachahmung der im wirklichen Leben vorkommenden Zeugenaussagen betrachtet werden kann. Schon die Hauptaufgabe des Experiments: bestimmte Bedingungen eines Vorganges so zu isolieren, daß wir ihre Wirkung rein und frei von Nebeneinflüssen bestimmen können — schon diese Aufgabe muß ja den künstlichen Versuch von der Lebenswahrheit entfernen, deren Wesen gerade in der unentwirrbaren Komplikation der verschiedensten Faktoren liegt.

Sehen wir aber im einzelnen zu, worin der Unterschied meiner Experimente von den Aussagen des realen Lebens zu suchen ist, so drängt sich zunächst eine Reihe von Momenten auf, in Bezug auf welche das Experiment beträchtlich bessere Bedingungen liefert, als die Praxis. Da war zunächst das *Menschenmaterial* meiner Versuche ein vorzügliches: es setzte sich durchweg aus gebildeten Personen im aufnahmefähigsten Alter zusammen; bei den meisten konnte man schon von berufswegen eine gewisse Übung in der Beobachtung und in der Selbstkritik des Gedächtnisses erwarten. Da bestand ferner während der Wahrnehmung des Objektes das Wissen, daß später darüber auszusagen sei; es war also *maximale Aufmerksamkeit*, mit der Absicht zu behalten, vorhanden — während der Zeuge meist erst nachträglich, wenn der vielleicht nur flüchtig und unaufmerksam aufgenommene Eindruck längst vorüber ist, die Aufforderung zur Aussage erhält. Drittens stand das Objekt in *ruhiger Unveränderlichkeit* ³/₄ Minuten lang zur Verfügung des Betrachters, während das wirkliche Leben meist Vorgänge bietet, deren Einzelphasen nur eine verschwindende Zeitspanne lang gegenwärtig, dann aber unrettbar dahin sind. Es wurde viertens durch die unmittelbar nach der Wahrnehmung erfolgte *primäre Aussage* sofort eine Befestigung des Erinnerungsinhaltes herbeigeführt, die dann selbstverständlich auf alle künftigen Aussagen über denselben Gegenstand aufs günstigste hinüberwirken mußte. Es wurden fünftens die sekundären Aussagen *sehr bald nach der Wahrnehmung* verlangt; die längste Pause betrug drei Wochen, während Zeugen oft nach Monaten zum ersten Male zur Rekonstruktion ihrer Eindrücke aufgefordert werden. Sechstens fehlte jede Möglichkeit einer Fälschung durch Affekte; von Parteinahme, Leidenschaft, Liebe und Haß, egoistischen oder sympathischen Interessen an einer bestimmten Gestaltung des Erinnerungsbildes konnte keine Rede sein. Das einzige Interesse der Versuchspersonen bestand darin, möglichst gute, d. h. richtige Ergebnisse zu liefern — sicher ein fördernder Faktor. Siebentens endlich fielen sämtliche suggestiven Wirkungen fort, da die Prüflinge weder irgend etwas von den Aussagen der andern über den gleichen Gegenstand erfuhren, noch miteinander darüber sprachen, noch endlich durch irgend welche Frage (ob sie dies oder das gesehen oder nicht gesehen hätten, ob das und das wirklich so ausgesehen habe, wie sie sagten usw. usw.) in der selbständigen Entwicklung ihres Erinnerungsbildes beeinflußt wurden.

Diesen zahlreichen günstigeren Bedingungen des Experiments stehen allerdings auch einige entgegen, welche es gegen die Wirklichkeit in Nachteil setzen. Zunächst ist und bleibt natürlich das Experiment eine „Fiktion", die, so ernst die Prüflinge sie auch nehmen mögen, doch wohl nie die ganze eindringliche Wucht des realen Lebens hat; es ist daher wahrscheinlich, daß die Eindrücke des Experiments nicht immer die Einprägungsgewalt, und die Beobachter ihnen gegenüber bei Aussage und „Beeidigung" nicht ganz das Verantwortlichkeitsgefühl haben, wie wenn es sich um lebendige Realitäten handelte. Sodann fehlt den Bildern, welche bei mir den zu beschreibenden Thatbestand ausmachten, die Unterstützung durch Nebenelemente, wie sie namentlich in der Form von Bewegungen und begleitenden Geräuschen und Tönen zu den optischen Eindrücken der Wirklichkeit meist hinzutreten. Und dann haben die realen Vorgänge teilweise eine logisch notwendige Verknüpfung, welche sie in der Erinnerung leicht aneinander kettet, während die Einzelelemente der Bilder zum Teil nur ein unorganisches Nebeneinander darstellen.

Es ist nun schwer, das Gewicht der einzelnen begünstigenden und negativen Bedingungen des Experiments genau abzuschätzen; darin aber, glaube ich, werden alle einig sein, daß im ganzen genommen die ersteren die letzteren überwiegen; wir dürfen daher, so scheint mir, mit Bestimmtheit annehmen, daß die Verhältnisse der Wirklichkeit, was die Korrektheit der Aussagen betrifft, gegen die Resultate des Experiments zurückstehen werden. Mit andern Worten: Wir haben unsre Ergebnisse nicht als unmittelbaren Ausdruck für das durchschnittliche Maß der im praktischen Leben vorkommenden Erinnerungsfehler anzusehen, sondern als *als untere Grenze*, als Minimum von Fehlern, das unter besonders günstigen Umständen erzielt werden kann.

Hiernach ist das Hauptergebnis meiner Versuche zu beurteilen, welches ich dahin zusammenfasse:

> Außer den beiden bisher vorwiegend beachteten Sphären der Erinnerungsfälschung — der schuldhaften (Lüge, bezw. grobe Fahrlässigkeit) und der pathologischen Störung — gibt es ein breites Gebiet der *normalen psychologischen Erinnerungsfehler*, das nach Umfang und Bedeutung bisher beträchtlich unterschätzt wurde. Diese normalen Täuschungen sind nicht etwa allein auf Rechnung affektiver Beteiligung oder suggestiver Beeinflussung zu setzen; *vielmehr ist ein bestimmter Grad der Fehlerhaftigkeit von vornherein als normales Merkmal auch der nüchternen und ruhigen, selbständigen und unbeeinflußten Durchschnittserinnerung zuzuschreiben. Die fehlerlose Erinnerung ist nicht die Regel, sondern die Ausnahme. — Und selbst der Eid ist kein Schutz gegen Erinnerungstäuschungen.*

Es gilt nun, dieses Ergebnis mit dem mir zur Verfügung stehenden Material zu belegen, und auf seine psychologische Bedeutung hin zu untersuchen. Ich bringe zuerst einige Aussagen in wörtlichem Abdruck, lasse darauf den Thatsachenbericht über Quantität und Qualität der Fehler folgen und schließe eine Diskussion der Fehlerquellen an.

IV. Einige Beispiele.

Um zunächst eine Anschauung von der Art, *wie* überhaupt ausgesagt wurde, zu geben, lege ich einige beliebig herausgegriffene Niederschriften, bessere, mittlere und schlechtere, als Beispiele vor. Man halte sich hierzu die Bilder daneben, um stets die Vergleichungsmöglichkeit zu haben. Alle *falschen* Angaben sind gesperrt gedruckt.

Um die einzelnen Personen zu charakterisieren, gebe ich bei jeder den „*Ordnungsplatz*" an. Dieser ist auf folgende Weise gewonnen: Aus allen von einer Person gemachten Aussagen wurde das Mittel der Fehlerprozente gebildet und nach diesen Mittelwerten ihre Rangordnung aufgestellt. Den Ordnungsplatz 1 hat also die Versuchsperson, die im Durchschnitt am wenigsten Fehler gemacht hat, den Ordnungsplatz 31 die Person mit den fehlerhaftesten Aussagen. Zunächst einige Proben aus dem Hauptversuch; ich wähle lauter erste sekundäre Aussagen.

1. Herr stud jur. J. 18 Jahre alt.

J. gehört, was die Menge der Erinnerungselemente betrifft, zu den allerbesten; in Bezug auf die Fehlerhaftigkeit gehört er genau der Mitte an (Ordnungsplatz 16).

Maler, 1. Wiederholung, 4 Tage nach der Betrachtung.

Ein Maler verlegt sein nicht sehr umfangreiches Atelier mitsamt dem Hausrat seiner noch kinderlosen Familie und hat hierzu einen kleinen einspännigen offenen Wagen gemietet. Wir sehen den Schimmel mit seiner Last langsam auf uns zukommen. Vorn auf dem Wägelchen dient das Sopha als Kutscherbock. Es hat dunkelgeblümten Bezug und eine geschweifte Rückenlehne. Darauf sitzt die Frau im Straßenmantel und hält in beiden Händen ein paar zerbrechliche Wertstücke, rechts über die rechte Schulter eine schlanke Gliederpuppe (diese macht ein recht dummes Gesicht, als wüßte sie nicht, was ihr geschieht) links eine Tischlampe mit durchsichtigem Bassin, in voller Ausrüstung mit Glockenschirm. Daneben hockt mit ausgebreiteten Flügeln ein lebendiger oder ausgestopfter Rabe. Gleich hinter dem Sopha steht ein Schrank mit der Rückwand nach vorn und teilt den noch übrigen hinteren Raum der Plattform ab. Hier scheint die Küche in buntem Durcheinander zu liegen. Hinter dem verdeckenden Schrank sieht man nur einen Marktkorb hervorstehen, durch dessen Henkel ein Besenstiel geht, dessen Bürste hinaus in die Luft starrt. Über den Stiel ist noch ein Küchentopf (irden) mit seinem Henkel geschoben.

Vorweg marschiert links vor dem Pferde der Maler frohen Muts ohne Mantel im offenen Rocke und schiefem, runden Hütchen. Er lacht unternehmend in die Zukunft. Unter dem linken Arm trägt er eine große Staffelei, rechts in gleicher Weise ein Bild (Kopf) dessen Rahmen leider schon auf der hintern und untern Seite losgegangen ist und herunterhängt. Die rechte Hand trägt noch eine bunt beklexte Palette.

2. Herr stud. jur. Sch., 22 Jahre alt.

Sch. gehört zu den Zuverlässigsten. (Ordnungsplatz 2.)

Hasen, erste Wiederholung, 14 Tage nach der Betrachtung.

Die Hasenfamilie hat an einem Sonntag Nachmittag einen Ausflug unternommen. Die festlich geputzten Kleinen dürfen heute nicht, wie an Wochentagen, durch Feld und Wald herumtollen, sondern spielen artig Ball. Papa liest in seinem Leibblatt und Mama scheint eingeschlafen zu sein, denn sie merkt nicht, daß die eine Tasse umgefallen ist und mit seinem braunen Inhalt die schöne weiße Tischdecke befleckt. Sie bemerkt auch nicht, wie dort hinten auf der Bank ein junger Mann mit ihrer Tochter ein zärtliches tête-à-tête hat. Gefährlich scheints auch nicht zu sein, denn der Jüngling läßt so platonisch schmachtend sein Hasenohr hängen und die Maid macht eine züchtig abwehrende Bewegung. Das Buch, bei dessen Lektüre sich dies alles zuträgt, ist gewiß auch ein sehr erbauliches. Und zu alledem singt in den Zweigen des Baumes ein Vogel sein Lied, unbekümmert um die dort aufgehangenen Schirme, Stöcke und Hüte.

3. Frl. W., Lehrerin, Hörerin a. d. Univ., 23 Jahre alt. Frl. W. ist ziemlich unzuverlässig in ihren Aussagen. (Ordnungsplatz 27.)

Großvater, erste Wiederholung, drei Wochen nach der Betrachtung.

Vorliegendes Bild stellt uns eine Scene aus dem häuslichen Leben dar, einen Großvater mit seinem Enkel. Der Alte, in Bauerntracht gekleidet, sitzt auf einer Holzbank und hält eine Schüssel voll heißer Speise, aus welcher noch der Dampf aufsteigt, auf seinen Knieen. Mit der rechten Hand reicht er seinem neben ihm stehenden Enkel einen Löffel voll dieser dampfenden Kost dar. Der Kleine jedoch traut dem Alten nicht recht, sieht den Großvater prüfend von der Seite an, und zögert, die dargereichte Speise zu kosten. Der Kleine ist ein niedlicher Lockenkopf, in eine gestreifte ärmellose Jacke gekleidet und in Kniehosen. Da auf dem Bilde die Situation im Sommer spielt, so hat das kleine frische Bauernbürschlein sich auch Stiefel und Strümpfe gespart. Dem Alten scheint der Kleine sehr viel Spaß zu machen; denn seine Mienen drücken äußerste Zufriedenheit und Freudigkeit aus. Das Haupt des Greises ist mit einer Zipfelmütze bedeckt; den Oberkörper bedeckt ein leinenes Wams und darüber ein geriefter Sammetkittel. Ferner trägt er Lederhosen bis an die Knie reichend, lange Strümpfe und ausgeschnittene Schnallenschuhe. Über seinen Anzug ist noch eine Sackschürze gezogen. Auf der Bank neben ihm liegt seine Uhr mit einer langen Kette daran und seine noch dampfende, eben aus der Hand gelegte Pfeife. Im Hintergrunde der Scene befindet sich ein großer Rauchfang, von dem eine eiserne Kette, mit einem starken Eisenhaken versehen, auf den Herd herabhängt, wahrscheinlich zur Aufnahme des Kessels bestimmt. Der Scene der beiden sieht ein schwarz-weiß-gestreiftes Kätzchen sehr gespannt zu. Um die Mauer, an welche die Bank sich lehnt, rankt sich von außen her Weinlaub.

Hieran schließe ich drei beeidigte Aussagen. In ihnen sind die beschworenen Stellen, wie im Original, durch einen daruntergesetzten Strich gekennzeichnet; die Fehler sind wieder durch Sperrdruck hervorgehoben.

4. Herr N. stud. theol.

N. gehört zu den Unzuverlässigeren. (Ordnungsplatz 28.)

Großvater, erste Wiederholung, 3 Wochen nach der Betrachtung. N. hat seine Niederschrift mit einer Ausnahme durchgehends beschworen.

Das Bild zeigt uns einen greisen Mann, der auf einer Holzbank sitzt. Ein jüngerer Knabe steht an seiner Linken. Er sieht dem Alten zu, wie er aus einer Schüssel einer Taube Futter reicht. Auf einem Dache sitzt eine zweite Taube, welche sich anschickt, auch an den Boden zu fliegen, um gleich der andern Taube Futter zu holen.

5. Herr cand. philol. U., 23 Jahre alt.

U. gehört nach den Resultaten des Hauptversuchs zu den Zuverlässigeren. (Ordnungsplatz 7.)

Hasen, circa 4 Monate nach Beendigung des Hauptversuchs.

Man sieht 3 Paar Hasen. Die alten sitzen am Tische beim Kaffee: Herr Hase liest die „Neuesten Nachrichten", Frau Hase strickt. Ein jüngeres Pärchen sitzt abseits und unterhält sich. Das Weibchen hat ein Buch in der Hand. Das dritte Pärchen spielt Ball; letzterer erscheint gerade fliegend zwischen zwei Bäumen. An einem Baume hängen Hüte und Stöcke.

6. Herr stud. philol. K.

K. steht in der Rangordnung der Versuchspersonen ziemlich genau in der Mitte. (Ordnungsplatz 18.)

Maler, 3. Wiederholung, 3 Wochen nach der Betrachtung.

Der Maler zieht aus. Er schreitet voraus und befindet sich rechts unten im Bild. Es hat einen Filzhut auf, unter dem rechten Arm trägt er einige große Mappen, unter dem linken eine große Staffelei, eine Palette und einen langen Pinsel. Hinter ihm, in der Mitte des Bildes, trägt ein vierrädriger Karren, der von einem Schimmel gezogen wird, seine Habseligkeiten. Vorn auf dem Wagen sitzt ein Mädchen; als Sitz dient ihr eine große Kiste, es hat die Zügel in der Hand. Im linken Arm ruht eine Gipsfigur, die einen langausgestreckten, nackten Jüngling darstellt, im rechten Arm hält das Mädchen einen ausgestopften Vogel mit ausgebreiteten Schwingen. Hinter dem Mädchen sind einige Matratzen auf der schmalsten Seite aufgestellt, dahinter kommen einige Körbe mit Schachteln, Pinseln und Töpfen. Ein Topf ist gerade auf das Ende eines Steckens aufgestülpt.

Endlich sei an einem durchgeführten Beispiel gezeigt, wie sich die Aussagen über denselben Gegenstand im Laufe der Zeit wandeln, insbesondere an Fehlern zunehmen.

7.—11. Frl. S. stud. philos., 20 Jahre alt.

Frl. S. ist nach den Resultaten des Hauptversuchs die zuverlässigste unter den Damen. (Ordnungsplatz 10.)

Sie hat den Maler einmal primär und binnen 3 Wochen dreimal sekundär beschrieben, sodann nach 5 Monaten nochmals wiederholt mit nachfolgender Beeidigung. Wir geben alle 5 Niederschriften.

I (Primär)	II	III	IV	V (Beeidigung)
Eine Dame scheint umzuziehen und nimmt mitsamt ihren Habseligkeiten einen ganzen Wagen ein. Auf demselben steht ein Sopha, auf welchem sie sitzt. An der eine Seite hängt ein Vogelbauer. Hinter dem Sopha bemerkt man Besen, Bürste und einen Topf. Die Dame selbst hält eine Statue in der einen und eine Lampe in der andern Hand. Bekleidet ist sie dunkel und trägt ein englisches Hütchen. Neben dem Wagen geht ein Mann welcher eine Staffelei, ein Bild mit zerbrochenem Rahmen und Pinsel nebst Palette trägt.	Im Vordergrund eine Dame auf einem Sopha sitzend, welches auf einem Wagen steht. An dem Sopha hängt ein Vogelbauer, hinter demselben befinden sich Besen, Töpfe und ein Eimer. Die Dame hält in dem einen Arm eine Statue, in der andern Hand eine Lampe. Bekleidet ist sie mit einem englischen Kleide und einem Reisehütchen. Neben dem Wagen geht ein Mann, der ein Bild mit zerbrochenem Rahmen unter einem Arm und unter dem dem andern eine Staffelei und Palette trägt.	Eine Dame sitzt auf einem Wagen, auf welchem ein Sopha und mehrere Sachen sich befinden. Die Dame sitzt auf dem Sopha, hält in dem einen Arm eine Statue, in der andern Hand eine Lampe. Bekleidet ist sie mit einem engl. Kleide u. einem Reisehütchen. An dem Sopha hängt ein Vogelbauer, hinter demselben befinden sich mehrere Töpfe und Bürsten, die in einem Eimer stecken. Etwas vor dem Wagen her geht ein Mann, der in der einen Hand ein Bild mit zerbrochenem Rahmen, in der andern eine Palette und Pinsel trägt.	Eine Dame zieht um und hat ihre Sachen auf einem mit zwei Pferden bespannten Wagen geladen. Sie selbst sitzt auf einem Sopha, das quer auf den Wagen gestellt ist, hält in dem einen Arm eine Statue, in der andern Hand eine Lampe. Bekleidet ist sie mit einem englischen Kleid u. einem Reisehütchen. An der einen Sophalehne hängt ein Vogelbauer. Hinter dem Sopha befindet sich ein Eimer, in welchem Bürsten stehen. Neben dem Wagen geht ein Mann, welcher in der einen Hand ein Bild mit zerbrochenem Rahmen, in der andern Pinsel und Palette hält. Er macht den Eindruck, als ob er liefe.	Der Maler und seine Frau sind auf einem Umzug begriffen. Sie sitzt auf einem Sopha, das quer über den Wagen, der von zwei Pferden gezogen wird, gestellt ist. Sie trägt ein Jägerhütchen, ein engl. Kleid und macht den Eindruck einer Reiterin. In der Hand hält sie eine Lampe, im andern Arm eine Statue. Hinter ihr steht auf dem Wagen ein Schrank; an der einen Sophalehne hängt ein Vogelbauer, hinten steht ein Eimer, aus welchem mehrere lange Bürsten hervorragen. Vor dem Wagen sieht man den im Laufschritt begriffenen Maler, bekleidet mit einem weichen Hut und einer Sammetjacke, deren Enden fliegen. In der einen Hand hält er ein Bild, dessen Rahmen an einer Seite losgegangen, in der andern eine Palette mit Pinsel (ich kann nicht mit Gewißheit angeben, ob Staffelei, oder Palette mit Pinsel).

V. Fehlerstatistik.

Ich gehe nun über zur Darlegung des Zahlenmaterials, das mir meine Versuche in Bezug auf die Fehlerhaftigkeit der Erinnerung geliefert haben.

Zur terminologischen Orientierung sei vorausgeschickt: die Gesamtheit dessen, was eine Person auf einmalige Aufforderung in einem Zuge über ein Bild niederschrieb, nenne ich eine Aussage; jede darin enthaltene Nennung eines einzelnen Objekts, einer einzelnen Handlung oder eines einzelnen Zustandes bezeichne ich als Einzelangabe.

A. Der Hauptversuch. Es liegen im ganzen vor je neun Aussagen von dreißig Personen = 270 Aussagen, und je vier Aussagen von weitern drei Personen, in Summa 282 Aussagen.

In diesen sind insgesamt 10 913 Einzelangaben enthalten (bei deren Berechnung, wie schon oben bemerkt, die Nennung besonders wichtiger Momente doppelt gezählt wurde). Von diesen sind im ganzen 919 falsch; auf jede Aussage kommen somit durchschnittlich 38,7 Einzelangaben mit 3,26 Fehlern; d. h.: $8^1/_2$ % sämtlicher Angaben sind falsch.

Auf die beiden Arten von Aussagen verteilen sich die Fehler derart, daß in den primären 5,8 %, in den sekundären — und diese kommen ja für den Juristen allein in Betracht — 10 % falsche Angaben gemacht werden. Mit andern Worten:

Unmittelbar nach der Betrachtung ist unter je 17 Elementen, bei späterer Erinnerung unter je 10 Elementen einer Aussage im Durchschnitt eines falsch.

Die verschiedene Schwierigkeit der Bilder äußert sich namentlich in den Fehlerzahlen der primären Aussagen: Hier wurden beim Maler durchschnittlich 7,1 %, bei den Hasen 5,8 %, beim Großvater 4,4 % Irrtümer begangen. In den sekundären Aussagen scheint merkwürdigerweise dieser Unterschied verschwunden zu sein; hier liegen überall die Durchschnittsfehlerzahlen zwischen 9 und 11 %.

Allein diese letztern Zahlen bedürfen noch einer besondern und gerade für den Juristen wichtigen Deutung. Die primären Aussagen sind bei allen drei Bildern unter gleichen Bedingungen geliefert worden: sofort nach der Betrachtung; die sekundären aber nicht, denn sie erfolgten, wie das Schema S. 9 zeigt, in verschiedenen Zeitdistanzen nach der Wahrnehmung. Der Maler wurde zum ersten Male nach 5 Tagen wieder aufgefrischt, das Hasenbild nach 14 Tagen, der Großvater nach 3 Wochen. Hier entsteht die Frage: Wie wirkt diese verschiedene Zeitdistanz? Anders ausgedrückt: Um wieviel haben die Fehler von der primären bis zur ersten sekundären Aussage zugenommen? Die Antwort lautet: beim Maler von 7 % auf 8,6 %, bei den Hasen von 5,8 % auf 10,1 %, beim Großvater von 4,4 % auf 10,4 %. Das heißt: betrug die Pause zwischen Beobachtung (primärer Aussage) und erstmaliger Wiedererinnerung (erster sekundärer Aussage):

5 Tage, so wuchs die Fehlerhaftigkeit der Erinnerung um 1,5 %
betrug sie
14 Tage, = = = = = = = 4,3 %
21 = = = = = = = = 6,0 %.

Diese Zahlen zeigen eine merkwürdige Gesetzmäßigkeit, die allerdings zunächst nur für die Frist von 3 Wochen gilt; sie würde lauten: die Zeit wirkt auf die Erinnerung nicht nur schwächend, sondern auch fälschend; und zwar geht diese Verfälschung in ziemlich gleichmäßigem Tempo vor sich, indem jeder Tag die Fehlerhaftigkeit um etwa $1/3$ % vermehrt. Wäre dies Gesetz auch für größere Zeiträume giltig, so würde z. B. nach einem Vierteljahr (90 Tagen) die Verfälschung des Erinnerungsbildes bis auf $90 \times 1/3\,\% = 30\,\%$ fortgeschritten sein; der dritte Teil der Aussage hätte also nach einer Zwischenzeit, die doch in der Rechtspraxis eine sehr häufig vorkommende ist, als falsch zu gelten.

Dieser pessimistischen Berechnung scheint ja nun allerdings jede Empirie zu widersprechen; es wird also wohl bei längern Zeiträumen der Verfälschungsprozeß ein langsameres Tempo haben; immerhin wird durch obiges Resultat eine künftig zu bearbeitende Seite des Problems nahegelegt, die gerade für die praktische Rechtspflege von Bedeutung sein kann.

Übrigens gilt obige Berechnung, selbst für die kurze dreiwöchige Frist meiner Versuche, nur dann, wenn während des Verlaufs der betreffenden Zwischenzeit keine Auffrischung der Erinnerung stattgefunden hatte. Denn jede Zwischenwiederholung befestigt das Erinnerungsbild ganz außerordentlich.

Das zeigen wiederum die Zahlen meiner Versuche; sind doch Maler und Hasen im Verlauf von drei Wochen mehrfach wiederholt worden (siehe das Schema S. 9). Vergleichen wir bei allen drei Bildern den Fehlerbestand der primären Aussage mit der Aussage nach einer bestimmten Zwischenzeit, nämlich nach drei Wochen, so ergibt sich als Fehlerzuwachs:

bei Maler	. (in der Zwischenzeit	zweimal wiederholt)	2,6 %
„ Hasen .	. („ „ „	einmal „)	5,0 %
„ Großvater	(„ „ „	nullmal „)	6,0 %.

Wir fassen die Resultate der letzten Betrachtungen zu einem Satze zusammen: Die Fehlerhaftigkeit der Aussage über ein Erlebnis nimmt kontinuierlich zu, je größer der Zeitraum zwischen beiden Momenten ist. An einem bestimmten Zeitpunkt nach dem Erlebnis ist die Aussage um so weniger fehlerhaft, je häufiger in der Zwischenzeit die Erinnerung aufgefrischt worden war. —

Nur kurz will ich mich aufhalten bei den individuellen Differenzen der Erinnerungstreue, die außerordentlich beträchtlich sind; welchen Umfang die normale Variationsbreite hat, lehren uns die extremen Fälle. Unter den 282 Aussagen sind gänzlich ohne Fehler nur 17, von denen 15 der primären Niederschrift angehören. Von sämtlichen 188 sekundären, also wirklichen Erinnerungsaussagen sind nur zwei = 1 % ohne jeden Fehler!

Unter diesen selben sekundären Aussagen sind dagegen 20 (also jede neunte Aussage), in denen mehr als 16 % oder ein Sechstel aller Angaben falsch ist.

Die absolut schlechtesten Aussagen enthalten folgende Fehlerprozente: Maler (5 Tage nach der Betrachtung) 23 %; Hasen (14 Tage nach Betrachtung) 26 %; Großvater (3 Wochen nach Betrachtung) 28 %.

Völliges Versagen der Erinnerung kam einmal vor, und zwar bei Großvater, wo die Pause zwischen Wahrnehmung und erstmaliger Wiederholung am größten war (3 Wochen).

Zur individuellen Differenzierung gehört auch der Unterschied der Geschlechter, soweit er schon aus einem Menschenmaterial von 25 Herren und 8 Damen erschlossen werden kann. Doch zeigen bereits diese wenigen Personen sehr charakteristisch verschiedene Durchschnittsleistungen. Die Frauen sind den Männern überlegen in Bezug auf die Festigkeit der Erinnerung, sie stehen ihnen nach in Bezug auf die Treue der Erinnerung; die Frauen vergessen weniger, aber sie verfälschen mehr. Zahlenmäßig ausgesprochen:

Die Menge des in der primären Aussage enthaltenen Stoffes ist bei Männern und Frauen im Durchschnitt fast genau gleich. Von diesem primär Gewußten ist nun in den sekundären Aussagen ein beträchtlicher Bruchteil verloren gegangen, und zwar betrug der Gedächtnisverlust bei den Männern 20 %, bei den Frauen 13 %. Dagegen machen die Männer insgesamt 7,8 % Fehler, die Frauen 10,5 %. Die Vergeßlichkeit der Frauen verhält sich also zu der der Männer wie 2 : 3, die Unzuverlässigkeit ihrer Aussagen aber wie 4 : 3.

Noch schlagender wird dies Verhältnis veranschaulicht durch folgende Betrachtung. Stellt man eine Rangordnung der 31 Personen auf, das eine Mal nach der Menge, das andre Mal nach der Richtigkeit des Ausgesagten, so ergibt sich: In der ersten Rangordnung haben die 7 Damen die Plätze: 1, 3, 4, 6, 7, 18, 20, 26; in der zweiten die Plätze 10, 11, 13, 22, 27, 29, 30. Dort sind unter den 7 ersten 5 Damen, hier ist unter den 9 ersten keine Dame. —

Schließlich veranstaltete ich noch eine Zählung der mit Vorbehalt genannten Fehler. Unter Vorbehalt verstehe ich irgend eine Klausel, durch welche der Aussagende selbst seine Unsicherheit über das Ausgesagte bekennt, also Ausdrücke wie: es scheint, vielleicht, wahrscheinlich, ich glaube, es kann sein, es ist mir zweifelhaft usw. Man sollte annehmen, daß bei den falschen Angaben wenigstens diese subjektive Unsicherheit häufig zu Tage treten wird. Das Gegenteil ist der Fall. Im ganzen werden nur 16 Fehler $= 1^2/_3$ % aller Fehler mit solchen Vorbehalten ausgesprochen, alle andern mit naivem Selbstvertrauen als sichere Thatsachen genannt.

B. Der Beeidigungsversuch. Jener an 17 Herren und 6 Damen vorgenommene Nachversuch, bei dem ich nach vollzogener Aussage durch Unterstreichen das „Beschwörbare“ kennzeichnen ließ, lieferte 63 Aussagen, bei deren statistischer Bewertung wiederum, wie in den früheren Fällen, die wichtigsten Elemente doppelt gezählt sind.

Hiernach enthält jede Aussage im Durchschnitt:

Insgesamt	32,9 Elemente,	darunter 4,4 (= 13,6 %)	Fehler.
Hiervon wurden			
beeidigt . . .	25 „	„ 2,8 (= 11 %)	„
Unbeeidigt blieben	8 „	„ 1,6 (= 20 %)	„

Somit steht dem höchsten Grade subjektiver Sicherheit, der durch die Beschwörbarkeit dargestellt werden soll, ein hoher Grad objektiver Unrichtigkeit gegenüber: 11 %, d. i. der neunte Teil des beeidigten Inhalts einer Aussage ist falsch.

Findet aber durch den Eid auch keine Befreiung der Aussage von Fehlern statt, so doch eine Aufbesserung; der Rest, der unbeschworen bleibt — es ist der vierte Teil der Aussage — enthält prozentuell fast doppelt soviel Fehler wie der beschworene Teil. —

Der Unterschied in dem Verhalten der beiden Geschlechter tritt bei der Vereidigung in wesentlich verstärktem Grade auf. Schon das Maß dessen, was beschwörungsfähig erscheint, ist charakteristisch: die Männer beeiden 71 %, die Frauen 85 % der Aussage. Hierbei vollziehen die letzteren nicht einmal die eben geschilderte Auslese; der beschworene Teil ist kaum weniger fehlerhaft als der unbeschworen gebliebene. Da nun die Frauenaussagen im ganzen schon beträchtlich mehr Elemente enthalten, als die der Männer, da sie ferner prozentuell mehr Fehler machen, und da sie endlich von diesen Fehlern einen viel größeren Bruchteil auf den Eid mit übernehmen, so ergibt sich als Endresultat, daß der beeidigte Teil einer Männeraussage durchschnittlich 2,1, der einer Frauenaussage dagegen 4,8 (also mehr als doppelt so viel) falsche Angaben enthält.

Ganz ohne Falscheid waren unter den 63 Aussagen 13; diese stammten sämtlich von Herren.

VI. Die Fehlerarten.

Zeigt uns die Statistik die Massenhaftigkeit der Fehler, so ist es doch auch nötig, ihre außerordentliche Buntscheckigkeit, ja Unerschöpflichkeit an Formen, ihre teilweise Seltsamkeit und ihre gelegentliche Hartnäckigkeit zu veranschaulichen. Ich lasse zu diesem Zwecke eine kleine Musterkollektion von besonders merkwürdigen oder auch besonders häufig auftretenden Fehlern folgen.

Als Merkmal der Einteilung soll uns hierbei nicht ihr psychologischer Ursprung, der oft genug zweifelhaft ist, sondern ihre objektiv logische Beschaffenheit dienen.

Eine Mangelhaftigkeit der Erinnerungsaussage kann nämlich entweder darin bestehen, daß etwas in Wirklichkeit Vorhandenes nicht genannt oder darin, daß etwas nicht Vorhandenes genannt, endlich darin, daß etwas Vorhandenes in andrer Weise dargestellt wird: wir hätten demnach zu unterscheiden: Auslassungen, Zusätze und Umgestaltungen.

A. Die Auslassungen sind allerdings statistisch nicht faßbar und auch bei unsrer Fehlerberechnung nicht in Betracht gezogen worden. Soll man es als Fehler anrechnen, wenn jemand nicht erwähnt, daß der alte Großvater grobe Schuhe anhat, oder daß der Maler einen Schnurrbart trägt? Hier wäre eine Grenze nicht abzusehen. Dennoch sei auch darauf hingewiesen, daß zuweilen Auslassungen vorkommen, die ganz integrierende Bestandteile der Bilder betreffen. So wird in drei Aussagen verschiedener Personen das Pferd des Malers, in acht Fällen die Katze des alten Mannes nicht erwähnt; bei den Hasen geht viermal der Tisch, zweimal das junge Paar im Hintergrunde, zweimal die eine Hälfte des Paares verloren; und dreimal wird der Ball nicht gesehen, so daß von den beiden Kindern zierliche Tanz- oder Begrüßungsbewegungen ausgesagt werden.

B. Zusätze. Diese sind beträchtlich wichtiger als die Fortlassungen und verblüffen manchmal durch ihre völlige Inkommensurabilität, wie etwa die in unserem obigen Beispiel 4 auftauchende Taube auf dem Dache. Besonders beliebt ist der Hund als deus ex machina; viermal hüpft und bellt er, meist als Pudel, allein auf dem Malerbild einher. Noch häufiger, nämlich achtmal wird die Malersfrau als zügelhaltende Lenkerin des Pferdes angesprochen; fünfmal werden dem Maler außer dem Malstock Pinsel in die Hand gegeben und viermal dem Wagen ein Eimer aufgebürdet. Und stellen wir Zusätze, die je einmal vorkommen, zusammen, so erhalten wir einen Maler mit starken Brauen, Spitzbart, melancholischem Aussehen, welcher braunen Hut, bunt beklexte Palette und Skizzenbuch trägt; seine Frau hat Straßenmantel, beziehungsweise Jacket an und Bücher und Mappen im Arm; der Wagen ist hinten geschlossen, trägt Schachteln und Stühle und fährt durch ein enges Thor!

Bei den Hasen erhält der Stock viermal die Nachbarschaft von Schirmen, zweimal von Mänteln, dreimal wird der alten Häsin ein Hut auf den Kopf gesetzt und viermal ihrem Gatten eine Pfeife in den Mund gesteckt. Ein zweiter Tisch wird gesehen, ein Sonnenschirm in der Hand der Kleinsten, eine Botanisiertrommel und der unvermeidliche Hund.

Der Großvater hat neben sich bald Lumpenzeug, bald eine Uhr mit langer Kette, bald den Tabacksbeutel liegen, während der Junge rote Tupfen auf der Weste hat.

C. Umgestaltungen. — Hier wird nicht aus dem Nichts etwas hervorgezaubert, sondern etwas Vorhandenes verwandelt — der weitaus größte Teil der Fehler gehört hierher. Und wir müssen hier noch Unterabteilungen machen, je nachdem sich die Umgestaltung auf die Qualität eines vorhandenen Objektes oder auf seine Quantität oder auf das äußere oder innere Verhältnis mehrerer Objekte zu einander bezieht. Im ersten Fall sprechen wir von

a) Metamorphosen. Hinter dem Sofa des Möbelwagens sind einige etwas undeutliche Gegenstände, augenscheinlich Schränke und ein Klavier. Hier treibt die Verwandlungskunst der Beobachtung und Erinnerung einen wahren Hexensabbath: Kasten und Kisten, ein zweites Sofa, ein einziger Schrank, Bettladen, Matratzen und nochmals Matratzen und Latten werden da gesehen. Ähnlich gehts mit der etwas dunklen Scenerie des Großvaterbildes, sie wird sieben Mal als Plätzchen unter Bäumen, ferner als Laube, als kellerartiger Raum, als Bretterwand aufgefaßt.

Der deutlich lesbare Zeitungstitel des Hasen muß siebenmal einen Namenwechsel erdulden, der sogar zum Teil ein Systemwechsel ist: viermal „Neue freie Presse", je einmal „Freisinnige Presse", „Freisinnige Zeitung," „Tageblatt" und „Neueste Nachrichten". Dann wird dreimal aus dem ausgestopften Vogel ein Papagei und, um mit besonders krassen Einzelmetamorphosen zu schließen: je einmal aus dem Bild unter dem Arme des Malers der Dürersche Holzschuher, aus dem Ball des Hasenbildes die untergehende Sonne, aus der ganzen Hasenfamilie eine Katzenfamilie (in der primären Aussage!) und aus der Katze des Großvaters einmal eine Taube und einmal ein Teckel!

b) Äußerlich weniger auffallend, aber in psychologischer und praktischer Hinsicht nicht weniger wichtig sind die Quantitätsänderungen. Sie können sich beziehen auf den Grad — da wird das Pferd des Malers als besonders mager hingestellt, der Tisch der Hasen reichlich gedeckt genannt, der Enkel des Großvaters zu einem Alter von 7 und von 8 Jahren degradiert — vor allem aber auf die Zahl. Die Erinnerung kann sich nicht genug daran thun, einmal vorkommende Objekte in den Plural zu verwandeln. So finden wir beim Maler Besen und Bürsten, Töpfe, einmal zwei Pferde, bei den Hasen, Kannen, Bälle, Vögel, rechts vom Tisch eine Baumgruppe erwähnt. Als einzige bemerkenswerte Minderung der Zahl steht dem gegenüber, daß achtmal die beiden Bäume auf der linken Seite des Hasenbildes in einen verschmolzen werden.

Eine Fehlergattung, die, wie die spätere Diskussion zeigen wird, besondre Beachtung verdient, beruht darauf, daß sich die Quantitätsänderungen öfters durch mehrere Wiederholungen einer Aussage hindurch steigern und potenzieren. Hier nur ein Beispiel: Frl. Sch. sagt vom Maler das zweite Mal aus: er geht, das dritte Mal: er geht mit großen Schritten, das vierte Mal: er geht mit eilenden Schritten. Eine Reihe weiterer Belege wird an späterer Stelle gegeben werden (s. S. 39).

c) Die letzte Gruppe der Umgestaltungen sind die sehr zahlreichen Konstellationsfehler. Hier werden die Einzelobjekte richtig genannt, aber ihre Beziehungen zu einander, vor allem ihre räumliche Anordnung, verändert. Auf die Stellung bezieht sich unter anderm der mit der größten Häufigkeitszahl vertretene Fehler: der sitzende Hasenpapa; dieser Irrtum wird von nicht weniger als 13 Personen begangen, und zwar siebenmal bereits in der primären Aussage. Eigentliche Dislokationen begegnen uns vor allem als Vertauschungen von rechts und links, so dreimal bei den Ball spielenden Hasenkindern, sechsmal, beziehungsweise achtmal bei den Gegenständen, die Maler und Malerin im Arm tragen. Überhaupt herrscht auf dem Malerbild in der Anordnung der Objekte das heilloseste Chaos; so hängt das Vogelbauer bald rechts, bald links, thront bald oben, bald unten im Arm der Frau (dreimal), die außerdem siebenmal den ausgestopften Vogel in Händen hält. Ferner wird das Hasenliebespaar dreimal dicht neben die Eltern und zweimal rechts in die Ecke plaziert usw.

Eine besondere Art des Konstellationsfehlers ist die Verschmelzung, wenn nämlich zwei verschiedene Objekte gleichsam an dieselbe Stelle des Raumes projiziert werden; so wird zweimal der Besen mit dem Korbe und der Stiel mit dem Topfe hinten auf dem Möbelwagen verschmolzen zu *einem* Besen mit Korb *und* Topf; und einmal wird bei den Hasen der Baum rechts mit Garderobe und die beiden Bäume links ohne Garderobe verschmolzen zu einem Baum links mit Garderobe.

Endlich werden auch die *inneren* Beziehungen der Objekte zu einander verändert: die jungen Hasen im Hintergrund umarmen sich, sehen sich an, unterhalten sich dreimal, ebenso oft werden die alten Hasen Kaffee trinkend geschildert usw. usw.

VII. Die Fehlerquellen.

Die Fülle und die Art der gemachten Fehler fordert dringendst zur psychologischen Analyse auf: wie funktioniert Auffassung und Erinnerung, daß, selbst ohne Mitwirkung von suggestiven Beeinflussungen, von Fragen, von Affekten, solche Irrungen möglich werden?

Ich frage: Wie funktioniert *Auffassung* und *Erinnerung*; denn es ist zweifellos, daß die 6 % Fehler der *primären* Aussagen sich nicht erst alle als „Erinnerungs"fehler *nach* der Betrachtung der Bilder in der kurzen Zwischenzeit bis zur Niederschrift eingeschlichen haben, sondern zum Teil im Akte der Wahrnehmung selbst entstanden sind.

A. Die Auffassungsfehler.

Auffassung und Erinnerung haben beide die Aufgabe, eine objektive Wirklichkeit innerlich wiederzuspiegeln, jene eine gegenwärtige, diese eine vergangene. Beide werden ihrer Aufgabe nicht in vollem Maße gerecht. Merkwürdigerweise ist diese Einsicht in Bezug auf die Auffassung schon in viel höherem Maße durchgedrungen und auch wissenschaftlich begründet worden, als in Bezug auf die Erinnerung. Wir werden daher die eigentlichen Auffassungs- und Beobachtungsfehler kürzer behandeln können[6]).

---

[6]) In *Hanns Groß'* Kriminalpsychologie S. 236—303, S. 506 ff., S. 579 ff. finden die Wahrnehmungsfunktionen und die in ihnen liegenden Fehlerquellen, sowie die Bedingungen, von denen die „Verschiedenheiten der Auffassungen" abhängig sind, endlich die Sinnestäuschungen eine ausführliche Schilderung, die alles für den Juristen Nötige enthält und auch umfangreiche psychologische Litteratur bringt.

Der Akt der Auffassung ist nicht, wie es zunächst scheint, ein einfaches In-sich-Hineinspazierenlassen der Eindrücke, die nun im Bewußtsein registriert und zu etwaigem weiteren Gebrauch aufgespeichert werden. Vielmehr findet stets an den uns zukommenden Eindrücken von seiten der Psyche sofort eine höchst intensive und aktive, oft geradezu eigenmächtige Bearbeitung statt, ehe sie zur „Auffassung“ werden können. Ich stehe vor der sixtinischen Madonna. Da habe ich nicht etwa nur den Eindruck eines farbigen, flächenhaften Frauenbildes. Vielmehr, obgleich ich theoretisch weiß, daß ich eine Fläche vor mir habe, fasse ich die Figur, die Wolken, die Falten des Vorhangs als plastisch auf. Sodann verbindet sich mit dem Eindruck ohne weiteres mein ganzes Wissen von Madonnenkult und -Darstellung; all jene Stimmungen und Gedankengänge, die mir mit Raphael und der Hochrenaissance verknüpft sind, klingen vielleicht unbewußt an — und dieser ungeheure Vorstellungskomplex schließt sich zu einem unentwirrbaren Ganzen zusammen, das für mich die „Auffassung der Madonna“ darstellt, und aus dem ich kaum während der Betrachtung, geschweige denn nachher imstande bin, herauszuheben, was daran wirklich sinnlich Wahrgenommenes, was hinzugedeutetes Wissen ist.

Da ist denn nun der Verfehlung Thor und Thür geöffnet. Es gibt, insbesondere für den erwachsenen Menschen, keine Auffassung, bei der nicht zahllose Ergänzungen und Deutungen hinzugegeben werden, hinzugegeben werden müssen, damit der Eindruck aus einem bloßen Empfindungskonglomerat ein sinnvolles Ganzes wird. Jeder Falter, der sich neu in das Netz unsrer Erfahrung fängt, bringt dieses ganze Netz mitsamt seinem früher erworbenen Inhalte zum Mitschwingen — es ist dies ein Prozeß, für den die Herbart'sche Psychologie den Namen „Apperception“ anwendet.

Zuweilen kann die apperceptive Bearbeitung sogar geradezu bewirken, daß der Sinneseindruck umkorrigiert werden muß, damit objektive Richtigkeit entstehe. Die Bäume einer Allee sind, wenn ich mich an deren Anfang befinde, für mein Auge von abgestufter Größe. Diese optische Größenverschiedenheit deute ich aber auf Grund vielfältiger Erfahrungen sofort auf reale Größengleichheit; und die Deutung vollzieht sich schließlich mit solcher Selbstverständlichkeit, daß es Mühe kostet, mir wieder die thatsächliche Größenverschiedenheit der optischen Bilder zu Bewußtsein zu führen. So sind auf unserm Hasenbilde die beiden Hasen im Hintergrunde nur von einer Person fälschlich wegen ihrer optischen Kleinheit als „Kinder" angesprochen worden, während alle andern richtig die Kleinheit perspektivisch umdeuteten. Und im Malerbild zeigt der unmittelbare Sinneseindruck den ausgestopften Vogel über Nacken und Kopf des Pferdes, und doch haben jene zwei Damen einen groben Fehler gemacht, welche den Vogel wirklich dorthin lokalisierten.

In der Notwendigkeit, subjektive Zuthaten zu spenden, um Auffassung überhaupt erst zustande zu bringen, liegt die Quelle der Auffassungsfehler; je größer der Anreiz zu solchen Ergänzungen, um so größer die Gefahr des Irrtums.

Dieser Anreiz kann aber aus objektiven oder aus subjektiven Gründen besonders groß sein. Objektive Gründe liegen dort vor, wo der Sinneseindruck selbst besonders lückenhaft oder undeutlich oder kurzdauernd ist.

Er ist lückenhaft, weil gewisse Teile verdeckt sind (wie drei von den vier Bildern unter dem Arm des Malers, die daher oft als Mappen aufgefaßt wurden) — oder weil nur eine, und zwar eine ungewohnte Seite der Betrachtung zugänglich ist (wie bei dem Klavier zwischen Schränken und Federbett, das nur eine einzige Person als solches richtig erkannte) — endlich, weil die Farben fehlen (die mehrmals sofort hinzuergänzt werden: „rotes" Sopha der Malerin, „rotgetupfte" Weste des Knaben auf dem Großvaterbild usw.).

Undeutlich ist der Eindruck dort, wo die Konturen und Nuancen verschwommen sind, wie bei den Möbelstücken hinter dem Sopha der Malerin und bei der Scenerie des Großvaters — und sofort wird auf diese Bildelemente prompt mit einer besonders großen Fehlerzahl reagiert. Ich hatte mit Absicht Bilder gewählt, auf denen nicht alles klar zu erkennen war, um auch darin der Lebenswahrheit einigermaßen nahe zu kommen. Denn in der That ist, schon aus physiologischen Ursachen, in jeder normalen Wirklichkeitsbeobachtung nur ein minimaler Teil von deutlich und scharf gesehenen Inhalten vorhanden, während das weitaus meiste sich nur verschwommen und diffus im Auge abbildet. Fast stets ist die Wirklichkeit plastisch; in einem gegebenen Moment ist aber das Auge nur auf eine bestimmte Entfernung eingestellt; alles was vor oder hinter dieser Fläche liegt, wird in Zerstreuungskreisen gesehen. Ja, oft ist die Entfernung des Objektes vom Beobachter eine solche, daß überhaupt deutliches Sehen aufhört. Dazu kommt, daß nur ein kleiner zentraler Teil der Netzhaut mit voller Sehschärfe sieht, während die Seitenpartien, auf welche der weitaus größte Teil der von Objekten kommenden Strahlen trifft, ebenfalls nur verschwommene Bilder liefern. All' diese Momente fallen bei meinen Versuchen fort; denn die Personen konnten sich selbst das Bild in der ihnen zusagendsten, also deutlichsten Entfernung vom Auge halten und konnten die Netzhautstelle des schärfsten Sehens successive über die verschiedenen Partieen streifen lassen.

Und noch ein andres objektives Fehlermoment ist bei meinen Versuchen kaum vorhanden: die zu kurze Dauer des Eindrucks. Denn wenn auch in $^3/_4$ Minuten vielleicht nicht jedem Detail die zur restlosen Auffassung nötige Bewußtseinszeit gewidmet werden konnte, so ist doch die Zeit immerhin unvergleichlich länger, als jene Beobachtungsfrist, die bei den meisten in ununterbrochenem Strom befindlichen Vorgängen der Wirklichkeit zur Verfügung steht, und die einfach schon physisch unmöglich macht, daß der Eindruck lückenlos der Psyche zugetragen werden kann. Wir dürfen somit schließen, daß die objektiven Bedingungen für Auffassungsfehler im wirklichen Leben noch eine größere Rolle spielen werden, als bei meinen Versuchen — ganz so, wie wir es schon oben bei den Erinnerungsfehlern konstatierten.

Nun gibt es aber auch subjektive Gründe, die zu Auffassungsfehlern besonders prädisponieren. Zunächst ist hier an affektive Momente: Wunsch und Hoffnung, Erwartung und Furcht zu denken: der ängstliche Nachtwanderer sieht bekanntlich in jedem Baum einen Räuber. Solche starken Affekte fehlten in meinen Versuchen; indes konnte die Erwartung selbst ohne Gemütsbeteiligung ihre fälschenden Wirkungen entfalten. Nicht weniger als sechsmal wird in den primären Aussagen behauptet, daß die Malersfrau das Pferd lenkt; die selbstverständliche Voraussetzung: wer auf dem Kutscherbock sitzt, hält auch die Zügel — usurpiert einfach die Stelle der Anschauung, die hiervon keine Spur zeigt[7][8]).

[7]) Erwähnt sei im Gegensatz zu obigem Fehler, daß das doch ziemlich auffällige Nicht-Zügel-führen der Frau nur von drei Personen ausdrücklich vermerkt worden ist.

[8]) In welch' hohem Maße unsre normalen Auffassungen von Illusionen durchsetzt sind, die von Erwartungssuggestionen herrühren, ist in letzter Zeit auf experimentellem Wege von Seashore, Binet und Verf. nachgewiesen

Weitere subjektive Fehlerquellen der Auffassung sind dann **schlechte Beobachtungsgabe** und **mangelhafte Aufmerksamkeit.** Erstere ist eine dauernde Eigenschaft der Psyche; gewisse Menschen sind nur in geringem Grade im stande, Sinneseindrücke als Sinneseindrücke voll auf sich wirken zu lassen und mit maximaler Energie festzuhalten; sie lassen statt dessen entweder die Eindrücke, durch inneres Leben stark beschäftigt, völlig an sich abgleiten, oder aber, sie gehen von ihnen, nachdem sie nur eben angeklungen sind, sofort zu Deutungen, Urteilen, Schlußfolgerungen, Handlungen und assoziativen Verknüpfungen weiter. **Mangelhafte Aufmerksamkeit** anderseits ist ein temporäres Verhalten der Seele, durch welches die psychische Energie nicht in völliger Stärke dem Eindruck zugewandt wird; die Ursache kann in Interesselosigkeit oder in anderweitig stark beanspruchtem Interesse, in Laune, Stimmung, Ermüdung, Schwäche bestehen. Welcher von beiden Gründen im Einzelfalle vorliegt, ist oft nicht zu entscheiden, so bei dem zweimal vorkommenden Fehler, daß der Topf in dem Großvaterbilde links auf der Bank stehend gesehen wird. Zuweilen aber gelingt die Sonderung. Die Verwechslung des Balls der Hasen mit der Sonne stammt von einer Versuchsperson, die sich sonst durch die Fülle der Beobachtungen auszeichnet, ist also ein Aufmerksamkeitslapsus. Dagegen müssen die beiden Damen, von denen die eine nach 3/4 Minuten langer Betrachtung die Hasen für Katzen hält, und von denen die andre meint, es sei nicht festzustellen, ob das Tier des Malerbildes ein Pferd oder ein Esel sei, eine ganz hervorragend schlechte Beobachtung besitzen.

B. Die Erinnerungsfehler.

Zu den schon bei der **unmittelbaren** Betrachtung gemachten Fehlern treten nun diejenigen hinzu, welche erst durch den zeitlichen Ablauf des Gedächtnisses und durch den erneuten Versuch, das frühere Erlebnis zu registrieren, hervorgerufen werden, die eigentlichen **Erinnerungsfehler**; sie sind, obwohl bisher viel weniger beachtet und studiert als jene[9]), die weitaus schlimmeren und zahlreicheren.

---

worden. Man vergleiche zu dieser auch für die Praxis nicht unwichtigen Frage u. a.: **Binet**, La suggestibilité, und **Stern**, Psychologie der individuellen Differenzen, S. 94—103.

[9]) So ist es z. B. bemerkenswert, daß **H. Groß**, der in seiner Kriminalpsychologie den **Auffassungsfehlern** die eingehendste Beachtung schenkt, als

Wir stehen hier vor einer der schwierigsten und auch heute noch wenigstgeklärten Fragen der Psychologie: wie sieht eigentlich ein Erinnerungsbild aus? An dieser Stelle wollen wir die Diskussion selbstverständlich nur auf die für den Juristen praktisch verwertbaren Seiten beziehen und sie auch lediglich auf den Fall unsrer Versuche, die Erinnerung an optische Eindrücke, beschränken.

Schon der Ausdruck „Erinnerungsbild" ist geeignet, eine falsche Meinung zu erwecken. Man denkt bei dem Worte an eine wirkliche „Abbildung", an eine Kopie der ursprünglichen Erfahrung, die vielleicht nur durch die geringere Intensität der Farben und Lichter und durch die geringere Schärfe der Konturen hinter jener zurücksteht. Thatsächlich war lange Zeit diese Abbildtheorie die herrschende; es wurde der Unterschied zwischen Wahrnehmung und Erinnerung nur im verschiedenen Intensitätsgrade gesehen. Dem aber muß die heutige Psychologie widersprechen[10]), und meine Versuche bieten wieder einmal die Belege für diesen Widerspruch. Aber auch an sich selbst kann es jeder erproben. Man suche sich an eine nahestehende Person, oder an die Tapete eines Zimmers, das man täglich sieht, zu erinnern — die meisten werden da sofort bemerken, daß sie überhaupt kein auch nur einigermaßen konturiertes oder koloriertes optisches Bild in der Erinnerung tragen, sondern nur ein völlig schemenhaftes Etwas, das uns als Repräsentant für den gemeinten Gegenstand gilt. Nur verhältnismäßig wenige Menschen (namentlich Künstler) sind einer wirklichen „Visualisation", d. h. der Heranbildung eines Form und Farbe und Licht und Schatten tragenden, vollständigen optischen Erinnerungsbildes fähig, und diese zeichnen sich dann allerdings auch oft durch eine besonders große Zuverlässigkeit der Erinnerungsaussage über Optisches aus, wofern sich die

---

Erinnerungsfälschungen im wesentlichen nur gewisse pathologische, ans Pathologische grenzende oder doch exceptionelle Erscheinungen bespricht wie: Paramnesieen (S. 363), Hallucinationen (S. 629), pathoforme Lügen (S. 667); während die eigentlichen normalen Erinnerungsfehler nur gelegentlich gestreift werden. Groß selbst konstatiert diese Lücke der modernen Kriminalpsychologie mit Bedauern; er sagt in Bezug auf das Gedächtnisproblem (S. 345): „Um die einfachen alltäglichen Vorgänge, welche die Tagesarbeit von uns Kriminalisten bilden, um die hat sich eigentlich noch niemand gekümmert, darüber finden wir keine Belehrung und daher stammen unsre großen Schwierigkeiten — und Fehler."

[10]) Siehe z. B.: Wundt, Grundriß der Psychol., 4. Aufl. 1901, S. 298 ff.

Phantasie nicht fälschend einmengt[11]). Auch unter meinen Versuchspersonen sind einige, die in höherem Maße visuell begabt zu sein scheinen, was sich namentlich in einer großen Fülle richtig und auch in richtiger Konstellation zu einander genannter Details kund gibt. Hier allein kann man von einem eigentlichen Erinnerungsbild sprechen, obgleich sich auch dies noch sehr beträchtlich von der Lebhaftigkeit der wirklichen Anschauung unterscheiden wird. Erinnerungen von geradezu hallucinatorischer Stärke sind die allerseltensten — und dann meist pathologische — Ausnahmen.

Der weitaus größte Teil der Menschen aber hat nicht solche wirklichen Erinnerungsbilder, sondern ist auf mehr oder weniger dürftige Surrogate angewiesen. Diese Surrogate jedoch genügen nicht. Genau wie wir es schon bei der Auffassung konstatieren konnten, bildet auch bei der Erinnerung die Lückenhaftigkeit und Unklarheit des der Psyche zunächst zur Verfügung stehenden Materials den kräftigen Anreiz zu eigener Ergänzung und Deutungsthätigkeit, die nicht eher ruht, als bis ein Ganzes von Zusammenhang und Anschaulichkeit herausgearbeitet worden ist. Freilich, wieviel oder wie wenig dann an diesem Resultat psychischer Retouche den Wert thatsächlicher Erinnerung hat, das — lehren die zahlreichen Fehler.

Worin bestehen nun die Surrogate und in welcher Weise werden sie zur Erinnerung vervollständigt?

Die Surrogate sind sowohl konkreter wie abstrakter Natur. Die konkreten bestehen in optischen Resten, höchst verschwommenen und undeutlichen, lückenhaften und unfixierbaren Gesichtsbildelementen; sodann in Muskelempfindungen und deren Gedächtnisresten (es sind dies die erst in neuester Zeit genauer studierten, in Muskeln, Sehnen und Gelenken erzeugten Empfindungen, welche uns die Bewegung und Stellung unsrer Glieder und Organe im Bewußtsein repräsentieren) — endlich in akustischen Begleitvorstellungen von Geräuschen, Tönen, Worten.

Letztere sind als Erinnerungshilfen ebenso wie als Fehlerquellen von besonders hoher Bedeutung. Da auf unsern Bildern der Wagen nicht rasselt und die Vorlesung des jungen Hasen nicht tönt, so bleiben an akustischen Momenten nur die Wortbezeichnungen übrig, die, wenn sie auch nicht laut gesprochen wurden,

---

[11]) Siehe S. 37.

sich doch als innere Klangbilder einprägen konnten[12]). In der That ist ein ganz beträchtlicher Teil des Aussageninhalts nicht eine Erinnerung an Gesehenes, sondern eine Erinnerung an die schon früher einmal darüber abgelegte Aussage. Dies haben mir teilweise meine Versuchspersonen ausdrücklich selbst bemerkt, teilweise kann man es auch ohne weiteres aus der Form der Aussage entnehmen. Bei manchen Personen gleichen sich die aufeinanderfolgenden Niederschriften über dasselbe Bild in Wortlaut, Satzbau und gewissen auffälligen Ausdrücken so, daß wir hier von einem ausgezeichneten Gedächtnis sprechen müssen, nur daß es dem Klange, nicht den gesehenen Dingen gilt. Ein Beispiel, das aber durchaus nicht besonders stark ausgeprägt ist, bietet die oben mit allen Wiederholungen abgedruckte Malerausſage von Fräulein S. Hier kehrt die Stelle der zweiten Aussage: die Dame „hält in dem einen Arm eine Statue, in der andern Hand eine Lampe. Bekleidet ist sie mit einem englischen Kleide und einem Reisehütchen" — in der dritten und vierten wörtlich wieder. Auch ihre Angaben über den Maler selbst gleichen sich in der Ausdrucksform sehr stark. Bei der „Beeidigung", 5 Monate später, versagt die Worterinnerung in Bezug auf die Malerin zum Teil und in Bezug auf den Maler ganz, und sofort offenbart sich dies in dem Auftreten neuer Fehler.

Aber anderseits kann auch gerade der Umstand, daß die Erinnerung an Worte geklammert bleibt, zur Fehlerquelle werden. Denn Worte sind vieldeutig, und Vieldeutigkeit ist aller Fehler Anfang. Da ist etwa das Sopha auf dem Möbelwagen. Von seiner Form und Ausstattung blieb kein Erinnerungsbild; doch das Wort haftete. Und als nun das Wort das nächste Mal wieder auftaucht, sucht sich die Psyche damit von Neuem eine konkrete Anschaulichkeit zu verbinden — aber stimmt diese mit der ursprünglichen Wirklichkeit? Meist läßt sich das garnicht nachweisen, weil ja eben nur wieder das Wort genannt wird und wir nicht wissen, ob irgend ein Bild und was für eines dabei dem Aussagenden vorschwebt. Zuweilen aber kristallisiert sich diese Anschauung doch

[12]) Genau genommen können allerdings an der Worterinnerung Gedächtniselemente aus allen drei oben genannten Sinnesgebieten beteiligt sein: visuelle Erinnerung an die gesehenen Schriftzüge, motorische an die Sprechbewegungen, akustische an den Wortklang. Doch sind die letzteren fast immer die weitaus überwiegenden.

zu Begleitworten und gibt überraschenden Aufschluß darüber, wie das Wort Sopha als Mittelglied eine ganz andre konkrete Gestalt herbeigezogen hat: wir hören von einem „dunkel geblümten Sopha mit geschweifter Rückenlehne" (s. oben Beispiel 1).

Doch noch in einer andern Beziehung kann das Wort Fehler erzeugen. Nicht immer soll es nämlich gleiche Wucht der Bedeutung haben. Es wird gebraucht als Floskel, ausfüllende Phrase, Sinnbild, und mit dem Bewußtsein dieses nicht ganz vollgiltigen Wertes. Aber das Bewußtsein schwindet im Laufe der Zeit, während das Wort zurückbleibt, und nun beim Wiederauftreten als vollwertig gilt — der Fehler ist da. So bin ich fest überzeugt, daß die mehrfach auftauchenden Farbenbezeichnungen in der primären Aussage zunächst noch nicht ganz ernst gemeint sind. Die Person, die soeben das Schwarz-weiß-Bild gesehen hat, kann nicht glauben, daß darauf wirklich ein brauner Thontopf ist, sondern meint mit solcher Angabe nur, es sei darin jenes Objekt abgebildet, welches die Wirklichkeit als braunen Thontopf kennt. Nun wird aber die Farbenbezeichnung das nächste Mal wiederholt, schließlich als wirklich angenommen — und dann kann es vorkommen, wie es mir in der That erging, daß eine Versuchsperson, der ich nach Abschluß der Experimente die Bilder zeigte, erstaunt war, daß sie nicht farbig gewesen seien!

Etwas Ähnliches gilt von den Pluralbildungen. Wenn jemand sagt: hinten auf dem Möbelwagen sind Töpfe, Körbe usw., so mag er damit zunächst garnicht ausdrücken wollen, daß er von der mehrfachen Existenz jedes dieser Objekte überzeugt ist, sondern nur, daß jene Objektgattungen vertreten waren, ohne daß er noch etwas über die Anzahl der Exemplare wüßte. Aber wenn die gleichen Worte bei seiner nächsten Aussage wiederkehren, — wie leicht mögen sie dann als positive Mehrzahlangaben gefaßt werden!

Als ein geradezu klassisches Beispiel endlich für das Unheil, das die bloße Worterinnerung anrichten kann, sei der zunächst so unverständliche Fehler erwähnt, daß „der Malerwagen durch ein enges Thor fahren" soll. Dieser Fehler wurde bei der dritten Wiederholung der Aussage gemacht, der Ursprung liegt bei der ersten Wiederholung, wo, lediglich als schönrednerische Phrase, der verhängnisvolle Ausdruck gebraucht worden war: ein Maler zieht „zum Thore hinaus".

Das Wort als Fehlerquelle wird in der Wirklichkeit dort eine große Bedeutung haben, wo, wie bei unsern Versuchen, eine Aussage mehrfach wiederholt wird, ferner dort, wo das Hörensagen mitspielt und sich mit dem Selbstgesehenen verquickt, dort, wo die Zeugen zu vorhergehender Unterhaltung viel Gelegenheit haben, schließlich dort, wo in Frage und Antwort derselbe Ausdruck aber in verschiedenem Sinne gebraucht wird. —

Wir betrachteten bisher die optischen und akustischen Residuen als das Material, aus dem das Gedächtnis die Erinnerungsbilder zu rekonstruieren sucht. Aber damit ist der Gedächtnisinhalt nicht erschöpft. Außer jenen konkreten Elementen sind, in mehr oder minder lockerer Verbindung mit ihnen, unanschauliche Erinnerungsinhalte vorhanden, die sich auf einen Gattungsbegriff, einen allgemeinen Zweck, ein abstraktes Verhalten beziehen. Sie sind wegen ihres unsinnlichen Charakters für den Psychologen außerordentlich schwer zu beschreiben, lassen sich jedoch ganz zweifellos aus meinen Versuchen ableiten. Nehmen wir noch einmal als Beispiel das Sopha der Malerin. Wenn dies, in der primären Aussage richtig genannt, in der sekundären zu einer Kiste wird, auf der die Malerin sitzt — was ist da vorgegangen? Sollen wir uns etwa denken, daß die Sophavorstellung in der Seele nach ovidischer Art eine allmähliche Metamorphose durchgemacht habe, erst den Überzug ablegte, dann die Lehne fortwarf usw., bis schließlich ein nacktes Brett daraus geworden war? Hier bleibt nichts andres übrig, als anzunehmen, daß eine konkrete Vorstellung als optische Sophagestalt oder als Wortklang Sopha überhaupt nicht im Gedächtnis zurückgeblieben war, sondern statt dessen nur ein abstraktes Urteil, „da ist etwas zum Sitzen,“ dem nun das Konkretum „Kiste“ untergeschoben wurde. Etwas Ähnliches liegt vor, wenn der Spazierstock am Baum des Hasenbildes als Schirm, der nicht-flüssige Inhalt der vom Großvater gehaltenen Schüssel als Suppe auftaucht: das Mittelglied war dort das Urteil: „da hängt etwas,“ vielleicht mit einer ganz schattenhaften Vorstellung von etwas Länglichem verbunden, — hier das Urteil: „da ist etwas drin.“

Nicht etwa, daß diese Urteile als sprachliche Sätze formuliert und als Wortlaute behalten sein müßten. In den meisten Fällen kommt es zu einer solchen Formulierung überhaupt nicht. Vorhanden ist nichts, als eine bestimmte Stellungnahme der Psyche, die einen Akt, eine Thätigkeit, einen Zweck, nicht aber ein

Objekt, innerlich nachbildet. Das Sitzen, das Hängen, das Gefülltsein, nicht die Sitzgelegenheit, das Hängende, die Füllung werden behalten. Wenn die Grammatik definiert: Subjekt ist dasjenige, wovon etwas ausgesagt wird, Prädikat dasjenige, was davon ausgesagt wird, — so wird das Prädikat behalten und das Subjekt neu dazu ergänzt!

Denn in der That, ohne eine solche Ergänzung geht es hier fast nie ab. Jener abstrakte Gedanke: „da hängt etwas," mag als Gedächtnisresiduum allein im Hintergrunde geschlummert haben; sobald er sich zur Erinnerung, ja gar zur Aussage verdichten soll, da braucht er ein Substrat, an das er sich klammern kann, — flugs ergreift er die erste beste konkrete Vorstellung, die sich ihm zur Verfügung stellt: Schirm; und dieser Schirm wird nun naiv als Gedächtnisinhalt ausgegeben.

Besonders lehrreich sind solche Fälle, in denen das tragende abstrakte Mittelglied des Prozesses nicht erst zwischen den Zeilen gesucht werden muß, sondern in ihnen selber zu finden ist. So heißt es einmal von dem Knaben auf dem Großvaterbilde: er hält die Hände in den Hosentaschen, um nicht zu stören. Hier gibt der Nebensatz den Schlüssel zum Hauptsatz: der Zweck der Handhaltung war haften geblieben, sie selbst falsch ergänzt worden. In ganz ähnlicher Weise führt ein richtig behaltener Zweck zur Angabe einer falschen Stellung im folgenden Falle: von der Katze des Großvaters sagt eine Versuchsperson das erste Mal richtig: „sie blickte begehrlich, was sich in den Körperlinien ausdrückte" — das zweite Mal falsch: „ihr Rücken ist gerade gestreckt und gespannt, sie glaubt im nächsten Augenblick den Bissen zu bekommen."

Wenn ich in all diesen Fällen von einem erschlossenen Inhalte spreche, so darf dies freilich nicht dahin mißverstanden werden, als ob wirklich ein logischer Schlußprozeß sich abgespielt habe, etwa dieser Art:

Da hängt etwas Langes.
Sehr oft werden Schirme bei Landpartieen
auf Bäumen aufgehängt.

Folglich wird das hängende Lange auf dem Bilde
wohl auch ein Schirm gewesen sein.

Davon ist psychologisch keine Rede; vielmehr wird der Schirm in mehr oder minder willkürlicher Association ohne Zwischenglied und ohne

Bewußtsein des sekundären Charakters dieser Vorstellung an den Satz: „da hängt etwas" angeschlossen. Immerhin ist dem objektiven Resultate nach der Vorgang einem Schlußverfahren ähnlich, insofern etwas zunächst nicht Gegebenes aus etwas Gegebenem abgeleitet wird. Wir können vielleicht weniger mißverständlich von Deutungen sprechen: die Erinnerung: „da hängt etwas" wird auf einen Schirm gedeutet.

Auf solche irrigen Deutungen müssen wir den weitaus größten Teil jener Fehler zurückführen, die wir im Abschnitt VI als Metamorphosen und als Konstellationsfehler bezeichnet hatten. Denn auch die letztern sind in der That hier mit einzubeziehen. Wenn etwa bei der Malerin die Lampe in die linke und die Figur in die rechte Hand wandert, so dürfen wir nicht an eine wirkliche langsame Vorstellungswanderung übers Kreuz denken; vielmehr war auch hier als Erinnerungsrest nur geblieben das Abstraktum: „die beiden Objekte sind auf die beiden Hände verteilt," und bei erneuter Aussage wurde diese Verteilung dann von der Psyche selbst in eigenmächtiger Weise vorgenommen.

So dienen denn die thatsächlichen Erinnerungssurrogate, optische Reste, Worte und abstrakte Urteile nur dazu, die Unterlage für eine höchst umfangreiche Deutungsthätigkeit zu bilden. Die Erinnerung beruht zu einem ganz beträchtlichen Bruchteil auf einem unwillkürlichen Indizienverfahren und ist dadurch so fehlerhaft. —

Aber wir haben noch zwei besondre Quellen von Erinnerungsfehlern zu besprechen: die freischaffende Phantasie und die Expansionskraft der Vorstellungen.

War in den bisher geschilderten Neuschöpfungen die Erinnerung insofern noch nicht ganz frei gewesen, als sie sich doch an irgend etwas thatsächlich Dagewesenes hielt, das sie zur Grundlage ihrer Gestaltung wählte, so kann sie nun auch noch diese letzte Fessel abwerfen und mit souveräner Freiheit Phantasiegebilde in die Erinnerungsaussage verpflanzen. Hierher gehören die meisten der oben als „Zusätze" bezeichneten Fehler: der Pudel auf dem Malerbilde, die Botanisiertrommel des Hasenbildes, die Uhr, der Tabaksbeutel, die Taube auf dem Dache beim Großvater usw. Sicherlich haben jene Personen, die derartige Aussagen machen, einen Pudel und eine Botanisiertrommel so oder ähnlich so, wie sie sich solche auf dem Bilde vorhanden denken, früher schon öfter gesehen; es sind also wirkliche, vielleicht durchaus korrekte und anschauliche Gedächtnisvorstellungen. Aber eine an sich noch so richtige Gedächtnisvorstellung wird sofort zur falschen Erinnerung, wenn sie in einen falschen zeitlichen Vorstellungszusammenhang eingeordnet wird; denn ein geschlossenes Erinnerungsgebilde darf nur solche Vorstellungen enthalten, die in einer gemeinsamen Zeitphase als Eindrücke aufgenommen worden sind. Deshalb kann sehr wohl das Gedächtnis eines Menschen nach der einen Seite gut ausgebildet sein und nach der andern schlecht funktionieren: er kann ein starkes Reproduktionsvermögen besitzen, d. h. die Fähigkeit, Eindrücke in großer Fülle aufzuspeichern und sich in intensiver Anschaulichkeit wieder zurückzurufen — und dennoch eine schlechte Erinnerungsfähigkeit haben in dem speziellen Sinne, daß er die auf ein bestimmtes einzelnes Erlebnis der Vergangenheit bezüglichen Vorstellungen aus jener Fülle nicht mit Zuverlässigkeit herauszusondern vermag. Es ist dies das Kennzeichen vieler phantastischer Naturen. Denn gerade in der leichten Verfügung über Vorstellungen unter völliger Nichtachtung ihres verschiedenen zeitlichen Ursprungs besteht eines der Hauptmerkmale der Phantasiethätigkeit; der Berg, der im Vorjahre und der Baum, der gestern gesehen worden, sie werden zu einem Ganzen verbunden. So wertvoll aber diese Souveränität für die legitimen Aufgaben der Phantasie, insbesondere die künstlerischen, sein mag, so gefährlich ist sie dort, wo von Rechtswegen die Bindung an die zeitliche Relation verlangt werden muß, also bei der Erinnerung an den in einem bestimmten Zeitpunkt dagewesenen Thatbestand. Hier wird dann diese Zuordnung oft mit allzu großer Laxheit und Kritiklosigkeit vollzogen; was zufällig als irgendwoher stammendes Gedächtnisbild aufsteigt, wird sofort als zur vorliegenden Sache zugehöriges Erinnerungsbild zeitlich festgenagelt — und die Wahrheit ist verfälscht. In der That stammen auch viele gerade der überraschendsten Zugaben von Personen, bei denen die ästhetisch-phantasievolle Seite die exakt-theoretische überwiegt. Wenn aber schon bei gebildeten, wissenschaftlich geschulten Menschen dieser Mangel an Selbstkritik gegenüber den aufquellenden Phantasiegebilden in so hohem Maße merkbar wird — wie erst in andern Sphären der Menschheit? —

Wiederum einem ganz andersartigen Gebiet, dem der Quantität, gehört die letzte Fehlerquelle an; sie entspringt aus der Expansionstendenz des Behaltenen. Bisher beachtete man in quantitativer Hinsicht vor allem die abschwächende Wirkung der Erinnerung: wie die Vorstellungen durch sie matter, schwächer, unsicherer, inhaltloser werden und schließlich zum Nichts der Vergessenheit zerflattern. Hierzu aber gibt es das gerade Gegenstück: eine steigernde Wirkung. Das Vergilische „crescit eundo“ gilt nicht nur von der „fama“, d. h. der von Mund zu Mund fortschreitenden Erinnerung — sondern auch von der durch die Zeit sich hinziehenden Erinnerung einer und derselben Person: memoria crescit eundo.

Aus dem Meer von Eindrücken, die fortwährend auf uns einstürmen, retten sich nur wenige in spätere Zeiten. Diese können sich nur deshalb hinüberretten, weil ihnen eine besondre Wucht, ein besondre Fähigkeit, Interesse zu erwecken, inne wohnt; so ist denn die Aussonderung schon das Resultat einer Kraftprobe, ein Sieg im Daseinskampfe der Vorstellungen. Dieselbe Wucht aber, durch welche sich hie und da eine Vorstellung heraushob aus allen übrigen, kann weiter wirken; der Sieg über so viel andres erweitert ihre eigne Machtsphäre; mit jedem neumaligen Auftauchen in der Erinnerung beweist sie von neuem ihre Kraft, die auf ihren Inhalt steigernd zurückwirkt.

In der That macht sich eine solche Expansionstendenz gewisser Vorstellungen in den verschiedensten Richtungen bemerkbar; vor allem gehören hierher die zahlreichen falschen Pluralbildungen, ferner jene merkwürdigen, durch die Reihe der Wiederholungen sich hinziehenden Gradsteigerungen, von denen wir schon oben ein Beispiel brachten (der Maler geht — geht mit großen Schritten — mit eiligen Schritten). Hierzu mögen noch einige weitere Proben folgen: bei den Hasen fliegt der Ball einmal bis zur Baumhöhe (was bereits eine starke Übertreibung ist), das nächste Mal schon höher als der Baum. Den Baumbestand desselben Bildes beschreibt eine Versuchsperson der Reihe nach: zwei Bäume — Birkenwäldchen — Wald. Die Garderobenstücke auf dem Baum rechts werden einmal folgendermaßen gesteigert: Hut und verschiedenes andre, — Hut, Schirm und verschiedenes andre — Hüte, Schirme und verschiedenes andre. Und endlich entwickelt sich der Greis im dritten Bilde zweimal aus einem Mann mit ziemlich verschlissenem Anzug zu einem veritablen Bettler.

Aber auch auf die Sicherheit der Aussage kann sich die Steigerung beziehen: das Paradigma hierzu liefert eine Dame, welche, nachdem sie dreimal über den Maler richtig ausgesagt hatte, das vierte Mal plötzlich meint: „vielleicht ist auch ein Kutscher auf dem Bilde," und das fünfte Mal das „vielleicht" schon weg läßt.

Endlich offenbart sich öfters die Expansion in einer eigentümlichen Art von *Ausstrahlung* auf andre Bildteile; als Proben seien die Angaben einer Dame erwähnt, welche diesem Fehler allein dreimal unterliegt. Vom Hasenbild nennt sie zunächst den runden Tisch, an dem sich das Elternpaar aufhält, und läßt dann das junge Paar „wiederum an einem runden Tisch" sitzen — man beachte das „wiederum", also die ausdrückliche Beziehung auf den andern Tisch als den Infektionsheerd. Beim Großvater — wir haben die Aussage oben als Beispiel 3 abgedruckt — irradiiert das Dampfen des Löffels auch auf die Pfeife; und ebenfalls durch Irradiation zu erklären ist die zunächst ganz unverständliche Umkostümierung des Großvaters, der bei der zweiten Niederschrift in Kniehosen, langen Strümpfen und Schnallenschuhen auftritt. Schon bei der ersten Niederschrift waren die etwas kurzen Hosen des Knaben durch eine kleine Steigerung, vielleicht auch durch Verwechslung mit dem Hasenknaben, zu Kniehosen verkürzt worden. Diese wiederholen sich bei der zweiten Aussage, werden aber außerdem auch auf den Großvater übertragen. (Die langen Strümpfe und Schnallenschuhe sind dann nur die weitere Konsequenz, um das Rokokokostüm zu vervollständigen.)

Die Rolle, welche diese Expansionstendenz als Quelle der Erinnerungsfälschung im wirklichen Leben spielt, kann meines Erachtens nicht groß genug gedacht werden. Ein beträchtlicher Teil aller Erinnerungsaussagen bewegt sich in *Gradurteilen*: groß oder klein, schön oder häßlich, schnell oder langsam, klug oder dumm, viel oder wenig; wir beachten aber eine solche quantitative Eigenschaft nur deswegen, weil sie uns vom Durchschnittsgrade abzuweichen scheint. Wenn wir uns einprägen, das Pferd war mager, so meinen wir: besonders mager, und damit ist schon wieder die Tendenz gegeben, in der Erinnerung diese Abweichung vom Indifferenzpunkt weiter zu verstärken. Wir können daher geradezu sagen: *Der jeweilige Stand unsrer Erinnerung ist die Resultante aus zwei entgegengesetzten Strö-*

mungen, indem das Durchschnittliche und Normale dem Nullpunkt der Vergessenheit entgegenzieht oder von dem allgemeinen indifferenten Bewußtseinsbestand unsres Alltagsdaseins unwiederbringlich absorbiert wird — während das Abweichende, Auffallende, Abnorme in seinem Widerstand gegen das Vergessen- und Verschlungenwerden sich immer weiter von der Normalität entfernt.

Es ist ein sehr bedrückender Gedanke, daß wir für unsre Gradurteile eine Art selbständigen Multiplikators in uns tragen, der die Tendenz hat, das gute Urteil zur Schwärmerei, das schlechte zur blinden Verdammung zu potenzieren, und aus kleinsten Ursachen heraus die größten Wirkungen zu erzeugen[13]). Auch das bekannte Riesenwachstum des „Gerüchtes" findet in den Expansionsgelüsten jedes einzelnen Weiterträgers seine Erklärung. (Siehe Anhang I.)[14]) — In praktischer Hinsicht aber fordern diese Gedankengänge auf, dort, wo Erinnerungsaussagen Gradurteile enthalten, bei deren Verwertung des „crescit eundo" nie zu vergessen.

Bemerkenswert ist, daß nach meinen Befunden die Frauen an diesen Expansionsfehlern einen ganz besonders großen Anteil haben.

VIII. Ausblicke.

Wir sind am Ende unsrer psychologischen Fehleranalyse angelangt. Mußte diese sich auch, wie selbstverständlich, an die speziellen Resultate meiner Versuche halten, so vermittelte sie doch an manchen Stellen allgemeinere Einsichten in wichtige Seiten der Erinnerungsfunktion überhaupt, die durch zu erhoffende weitere Versuche noch vermehrt und gefestigt, vielleicht auch korrigiert und geläutert werden müssen.

Da aber nun die Erinnerung eine Funktion ist, die bei einer Reihe verschiedenartigster Kultursphären: Rechtsübung, Erziehung,

---

[13]) Nur eine Seite dieses Prozesses ist es, daß die Erinnerung die Verstorbenen verklärt, und daß sie in primitiven Kulturen die Ahnen zu Heroen und dann zu Göttern steigern konnte.

[14]) Ein weiteres hierher gehöriges Beispiel aus dem Alltagsleben erwähnt Kraepelin (Psychiatrie 6. Aufl. I 132): „Man denke daran, wie klein dem Erwachsenen nach langer Abwesenheit die Größenverhältnisse erscheinen, die ihm als Kind Eindruck machten. Mit der Veränderung des allgemeinen Größenmaßstabes ist hier auch das Erinnerungsbild unvermerkt gewachsen, so daß dann der Widerspruch desselben mit der Wirklichkeit völlig überraschend wirkt."

Geschichtsforschung usw. entscheidend mitwirkt, so erhebt sich schließlich die Frage, ob es zu erwarten steht, daß aus obigen Resultaten, oder vielmehr den Ergebnissen fernerer, sehr erweiterter Versuche, irgend welche praktischen Folgerungen gezogen werden können. Das Hauptresultat unsrer Versuche war der Nachweis einer starken Fehlerhaftigkeit. Dies kann praktisch zu den zwei Fragen führen: 1. Ist eine Besserung des konstatierten Mangels möglich? 2. Wird durch den konstatierten Mangel die Würdigung und Behandlung der Erinnerungsaussagen beeinflußt?

A. Die Besserung der Erinnerungsaussagen.

Unsre Versuche haben uns gezeigt, daß die Erinnerung nicht eine bloße Vorstellungsfunktion, sondern in weit höherem Maße, als man gemeiniglich annimmt, eine Angelegenheit des Willens und der Willenserziehung ist. Und zwar wirkt der Wille nicht allein in dem Akt des „Sichbesinnens“, um das Erinnerungsbild überhaupt erst hervorzuholen, sondern auch bei der Konstitution des Erinnerungsbildes selbst.

In der That, man hat bisher die Qualität der Erinnerungsfähigkeit einer Person viel zu sehr als eine Eigenschaft angesehen, „für die sie nichts kann“. Hier gilt es sorgfältig zu trennen. Ob man sich etwas leicht oder schwer einprägt, ob man schnell oder langsam vergißt, ob man eine große Fülle oder nur dürftige Fragmente von Vorstellungen in sich tragen kann, ob die Erinnerungsbilder sehr anschaulich oder sehr unanschaulich, ob sie vorwiegend visuell oder auditiv sind — das sind Differenzierungen des Gedächtnisses, die zum weitaus größten Teile auf unveränderlichen, in der Individualität des Einzelnen von vornherein angelegten Bedingungen beruhen. Man muß sie hinnehmen als Fatum. Mit der Frage aber, ob die Erinnerungsbilder wenig oder viel Fehler enthalten — also mit der Eigenschaft der Erinnerungstreue steht es anders. Wohl beruht auch sie auf gewissen individuellen Tendenzen, aber nicht auf solchen, denen das Individuum selbst oder ein andrer lediglich als passiver unthätiger Beobachter gegenüberstehen muß. Denn all jene Prozesse, die wir als Fehlerquellen erkannten: das Deuten, Ergänzen, Steigern, das Objektivieren subjektiver Phantasiebilder usw. — all' dies sind zwar meist nicht reflektionsmäßige überlegte Wahlhandlungen, wohl aber Willenshandlungen, aktive spontane Bethätigungen der

Seele. Und so seltsam es daher klingt: die oben konstatierten Fehler beruhen zum großen Teil gar nicht auf Unzulänglichkeiten des eigentlichen Gedächtnisses, sondern auf solchen der Willensveranlagung. Denn sie sind Zeichen einer nicht genügend stark ausgebildeten inneren Selbstkontrolle betreffs des objektiven Wertes der seelischen Erlebnisse und eines laxeren Verantwortlichkeitsgefühls gegenüber dem Ernst der Thatsächlichkeit.

Aber dieser Willensursprung vieler Erinnerungsfehler giebt auch der Hoffnung Raum, daß hier eine Besserung möglich ist. Denn Wille kann durch Willen überwunden werden. Der bisherige kritiklose Glaube an die selbstverständliche Korrektheit der Erinnerungsfunktion war nicht geeignet, für deren Akte eine besondere Gewissenhaftigkeit mobil zu machen; sicherlich aber lassen sich Gewissenhaftigkeit und mit ihr Selbstzucht anerziehen, wenn man erst einmal nachweist, wie nötig sie sind.

Hier ist der Punkt, an dem unsre Resultate und weitere Versuche künftig einmal in den Dienst einer — ich möchte sagen — „ethischen Mnemotechnik", d. h. einer systematischen Erinnerungspädagogik gestellt werden könnten; diese hätte im Gegensatz zu der mechanischen Mnemotechnik, die durch künstliche Hilfsmittel dem Gedächtnis Krücken verschaffen will, die Zuverlässigkeit des Gedächtnisses als Charaktereigenschaft groß zu ziehen; sie hätte durch Stichproben nach Art obiger Versuche den Menschen an eigner Person vorzudemonstrieren, wie trügerisch dies harmlose Zutrauen zur Erinnerung sei, wie hier die Erinnerungstreue als wirkliche Treue, d. h. als ethische Tugend gefordert werden müsse, und durch Vorsicht, kritische Besonnenheit und stets lebendiges Verantwortlichkeitsbewußtsein auch erzielt werden könne. Vor allem ist in dieser Hinsicht von der Schule viel zu erhoffen, wo die bildsamen Seelen solchen Erziehungsbestrebungen noch sehr zugänglich sein werden, und wo in Anschauungs-, Naturgeschichts-, Zeichen-, Geschichts-, deutschen Lektionen usw. eine Fülle natürlicher Gelegenheiten zu einfachen Versuchen geboten ist. Könnte man hier nicht vielleicht geradezu an einen „Erinneruugsunterricht" als Seitenstück zum Anschauungsunterricht denken?

Freilich taucht gegenüber dieser Erziehung zur Erinnerungstreue sofort ein Bedenken auf, das namentlich der Jurist betonen wird: „Wenn die Menschen erst erfahren und merken, wie fehlerhaft ihre Erinnerungsaussagen sind, dann werden sie überhaupt nichts mehr aussagen wollen!“ Dies Bedenken ist zunächst nicht unberechtigt; ich habe die Folge bereits selber konstatieren können, indem viele Personen meinen Versuchsresultaten gegenüber äußerten: „Das könnte einen ja vor Gericht veranlassen, überhaupt nichts mehr positiv auszusagen oder gar zu beeidigen, sondern stets nur skeptisch von Möglichkeiten und Vermutungen zu sprechen“. Daß hierdurch die Rechtsübung außerordentlich erschwert werden würde, ist klar; aber es ist doch wohl kaum fraglich, was wünschenswerter sei: ein größeres Aussagematerial, in dem viel unkontrollierbar Falsches enthalten ist, oder ein geringeres, in dem aber dafür jedes Moment einen viel schwerer wiegenden objektiven Wert hat.

Aber auch sonst darf jenes Bedenken nicht allzu schwer genommen werden. Bloße Skepsis ist niemals mehr als eine Durchgangsstation. Die Erkenntnis: „Ich bin mir bewußt, nichts zu wissen“ ist stets, wie bei Sokrates, nur der Ausgangspunkt zur Erringung neuen und nun geläuterten Wissens gewesen. So wird auch bei der Selbsterziehung zur Erinnerungstreue Zurückhaltung in den Aussagen nur den ersten Schritt darstellen; der zweite aber wird wieder in einer positiven Gestaltung des Erinnerungsbildes unter Berücksichtigung der jetzt als nötig erkannten Kautelen bestehen.

Demnach ist der Gedanke, den man hier und da von Juristen äußern hört: es wäre nicht zu wünschen, daß die Resultate obiger und ähnlicher Versuche in weitern Kreisen des Publikums bekannt würden — mit Entschiedenheit zurückzuweisen.

Freilich dürfen wir unn heute nicht im Vertrauen auf eine vielleicht mögliche, teilweise und sicherlich sehr schwer und langsam zu erreichende Besserung die Hände in den Schoß legen. Wir müssen gegenwärtig mit der Thatsache rechnen, daß die normalen Erinnerungsaussagen einen hohen Prozentsatz von Fehlern enthalten und uns fragen, wie ihre Bewertung und Behandlung durch diese Einsicht beeinflußt werden kann.

B. Würdigung und Behandlung der Erinnerungsaussagen.

Die Beziehungen zur Praxis des Erziehers, des Psychiaters und des wissenschaftlichen Quellenforschers seien hier kurz erwähnt.

In der Pädagogik wird das Phänomen der kindlichen Lüge einer Überprüfung unterzogen werden müssen — mir scheint es ganz fraglos, daß ein nicht allzukleiner Teil der Unwahrheiten, die als Lügen moralisch gebrandmarkt und bestraft werden, auf normalen Erinnerungstäuschungen beruht[15]).

Der Psychiater wird die Grenzen zwischen normalen Erinnerungstäuschungen einerseits, pathologischen Gedächtnisstörungen und pathologischen Lügen anderseits vielleicht ein wenig hinausrücken müssen — man hatte eben bisher nicht mit einer solchen „physiologischen Breite" gerechnet.

Der wissenschaftlichen Forschungstechnik endlich werden obige Befunde möglicherweise Anlaß geben können, die ja bereits in so hohem Maße ausgebildete Quellenkritik und -Würdigung überall dort noch um einen Grad zu verschärfen, wo diese Quellen in Erinnerungsaussagen bestehen. Hierher gehören zahlreiche historische Berichte, Chroniken, Memoiren; viele Beobachtungen auf Reisen usw., bei denen die Aufzeichnung erst nachträglich möglich war, psychologische Selbstbeobachtungen, die ebenfalls nur aus der Erinnerung registrirt werden können; auch die Bekundungen über sog. spiritistische Manifestationen wären einmal unter diesem Gesichtspunkte zu prüfen, da sie niemals während der Beobachtung, sondern stets erst nach Ablauf der „Séance" zu Protokoll gegeben werden. —

An dieser Stelle aber kommen vor allem die Schlußfolgerungen für den Juristen in Betracht. Selbstverständlich sind aus dem geringen Material, das ich als ersten Anfang biete, keine irgendwie sicheren Konsequenzen zu ziehen; wir sind jetzt höchstens so weit, einige juristisch wichtige Probleme formulieren zu können, für deren Lösung aus einer Fortsetzung der Versuche etwas zu erhoffen ist. Fünf solcher Probleme seien hier aufgestellt:

1. Wird bei der Bewertung der Zeugenaussagen — auch der beeidigten Aussagen moralisch völlig einwandfreier und geistig durchaus normaler und leistungsfähiger Zeugen, denen man bisher meist ziemlich unbedingtes Vertrauen entgegenbrachte — nicht weit größere Vorsicht erforderlich sein?

Wie oben dargelegt, werden unter den optimalen Bedingungen meiner Versuche bei Erinnerungsaussagen im Durchschnitt 10 % Fehler gemacht, bei Beeidigungen durchschnittlich 2 bis 3 falsche Angaben pro Aussage beschworen.

2. Wird sich nicht die Forderung rechtfertigen lassen, daß bei besonders entscheidenden Zeugen unter Umständen der

---

15) Siehe hierzu Anhang II.

charakteristische Grad ihrer Erinnerung psychologisch festgestellt werden solle, um die Würdigung der Aussage durch den Richter zu unterstützen oder auch zu modifizieren? Hierbei wäre etwa zu denken an die Vornahme experimenteller Stichproben durch einen psychologischen Sachverständigen oder noch besser durch einen in psychologischer Theorie und Technik gründlich vorgebildeten Juristen.

Daß „die Beweisaufnahme der Auffassung des Zeugen wichtiger als die Beweisaufnahme des Hergangs" sein kann, sagt auch Groß (a. O. S. 545). Bei ihm begegnet uns auch bereits die Idee des psychologischen Sachverständigen (S. 389). Doch denkt Groß zunächst nur an ihn behufs Feststellung gewisser Formen der Gedächtnisthätigkeit, die, ohne pathologisch zu sein, doch eine auffallende und seltsame Konstitution haben, und für die der Psychologe aus der Litteratur Belege zu bringen hätte. Demgegenüber möchte ich betonen, daß der psychologische Sachverständige auch bei durchaus normalen Fällen erforderlich werden kann; denn schon die Normalität zeigt ja eine solche Breite, daß innerhalb ihrer noch die stärksten Abstufungen der Erinnerungstreue möglich sind. (Meine Versuche ergaben Variationen der Fehlerprozente von 0—28 % in den Angaben gebildeter Personen.) Hier darf dann aber auch die psychologische Theorie und Litteraturkenntnis nicht genügen, vielmehr ist eine wirkliche experimental-psychologische Prüfung des Zeugen erforderlich. Freilich müßten zu diesem Zweck die psychologischen Methoden noch ganz anders ausgebildet und gesichert sein, als es bisher der Fall ist.

3. Wird nicht bei Meineids- und Falscheidsbeschuldigungen in höherem Maße als bisher die Möglichkeit einer durchaus gutgläubigen und unverschuldeten normalen Erinnerungstäuschung in Betracht gezogen werden müssen?

Dieses Problem wird erfreulicherweise gerade jetzt auch von juristischer Seite in Fluß gebracht. So erörtert Landgerichtsrat Thomsen (Altona) in einer soeben erschienenen Abhandlung die Frage: Kann der Zeugeneid aus Fahrlässigkeit verletzt werden? (Preuß. Jahrbücher, Bd. 106 Novemberheft 1901 und Der Gerichtssaal, Bd. LX Heft 1 1901) und beantwortet sie negativ. Er knüpft an einige aus dem Leben gegriffene Beispiele von Erinnerungstäuschungen eine psychologische Analyse, die in manchen Punkten meiner oben gegebenen ähnelt, und beweist, daß solchen normalen Täuschungen gegenüber, wenn sie auf den Eid genommen werden, der Vorwurf der Fahrlässigkeit nicht gemacht werden könne. — Die Frage, ob der fahrlässige Falscheid strafbar sein dürfe, wird voraussichtlich auch den nächsten Juristentag beschäftigen.

4. Der heutige Vereidigungsmodus läßt eine Sonderung zwischen beschwörbaren und nicht beschwörbaren Elementen der Aussage nicht zu, sondern stellt sie in ihrer Gesamtheit unter den Eid. Wird hierdurch die Möglichkeit der Falscheide nicht beträchtlich erhöht?

Überließ ich es meinen Versuchspersonen, selber die Elemente ihrer Aussage zu bestimmen, die sie für beschwörbar hielten, so ergab sich doch, daß etwa ein Drittel der falschen Angaben unbeschworen blieb und daß prozentualiter der beeidigte Teil nur halb so fehlerhaft war, wie der unbeeidigt gebliebene Rest.

5. Liegt nicht in den heut zum Teil üblichen, sehr langen Zwischenräumen zwischen dem Vorgang, über welchen ausgesagt werden soll, und der Aussage selbst ein außerordentlich stark wirkender Steigerungsfaktor für die Fehlerhaftigkeit der Erinnerung?

Meine über 3 Wochen sich erstreckenden Versuche ergaben, daß jeder Tag, um den die Frist zwischen Wahrnehmung und Aussage verlängert wurde, die Verfälschung der Erinnerung um $^1/_3$ % steigerte.

Obige Fragen halte ich für wichtig genug, um nun nochmals an juristische Fachmänner die dringende Bitte zu richten, mich durch aktives Mitarbeiten bei der Fortsetzung der Untersuchungen über Erinnerungstreue zu unterstützen. Nicht nur, daß die Versuche, wie ich sie mit Bildern angestellt habe, wiederholt und auf ein viel größeres Menschenmaterial ausgedehnt werden müssen, und zwar auch auf Ungebildete, auf Kinder[16]) und Greise, auf Verbrecher, Geisteskranke — es sind auch zahllose fruchtbare Variationen der Versuchsanordnung denkbar, die Schlaglichter auf neue Seiten des Problems zu werfen versprechen. Hierzu reicht Kraft und Zeit eines Einzelnen nicht aus. Einige solcher Versuchsmöglichkeiten seien daher zur Anregung für andre Forscher skizziert:

1. Man kann statt der Bilder vorzulegende Texte wählen, um die Erinnerung für akustische Wortfolgen und für successive logische Zusammenhänge zu studieren. Hierfür habe ich bereits Material gesammelt, doch noch nicht bearbeitet.

2. Man kann versuchen, über Vorgänge Erinnerungsaussagen hervorzurufen; hier besteht die Hauptschwierigkeit in der Forderung, daß der Thatbestand später mit der Aussage konfrontiert werden muß. Es kämen vielleicht kinematographische oder mutoskopische Darstellungen oder Scenen aus einem modernen Theaterstück oder wirkliche Handlungen, die nach vorher genau festgestelltem Programm vollzogen werden[17]), in Betracht.

3. Man kann feststellen, in welcher Weise sich zwei aufeinanderfolgende Aussagen einer Person über denselben Thatbestand unter-

---

[16]) Siehe hierzu Anhang II.

[17]) Siehe: F. v. Liszt, Deutsche Juristenzeitung 1902 Nr. 1 S. 17.

scheiden, wenn sie dazwischen die Aussagen einer andern Person kennen gelernt hat. (Auch hierüber liegt mir bereits einiges Material vor, das gegenwärtig noch vermehrt wird.)

4. Man untersuche den Einfluß, den Fragen überhaupt und bestimmte Formen der Fragestellung insbesondere auf die Beschaffenheit der Aussage haben. (Siehe hierzu Anhang II.)

5. Man studiere die Veränderungen, die ein Gerücht erfährt beim fortlaufenden Übergange von einer Person zur andern — einen Vorversuch nach dieser Richtung schildere ich im Anhang I.

6. Man kann die Wirkung weit größerer Zwischenräume zwischen Wahrnehmung und Erinnerungsaussage untersuchen.

7. Man suche festzustellen, welchen Einfluß das Weglassen der primären Aussage hat usw. usw.

Anhang I.

Ein experimentelles Gerücht.

Anhangsweise sei hier noch über einen kleinen Versuch berichtet, der geeignet ist, den Satz „fama crescit eundo" experimentell zu erhärten. Ich ahmte die Bedingungen des Gerüchts dadurch nach, daß jede der beteiligten Personen dasjenige, was sie von der vorhergehenden gehört hatte, an die nächste Person weiter geben mußte. Die Anordnung war die folgende:

Ich als Person A notierte mir eine kleine Kriminalgeschichte, welche ich langsam und deutlich der Person B vorlas. Dies geschah vormittags; B hatte die Aufgabe, am Nachmittag desselben Tages die Geschichte aus dem Gedächtnis niederzuschreiben. Diese Niederschrift von B las ich einen andern Vormittag der Person C vor; C machte nachmittags eine Erinnerungsniederschrift des Gehörten, welche dann der Person D vorgelesen wurde usw. Die Versuchspersonen waren sämtlich Studenten. Und nun beachte man, in welch außerordentlichem Maße die Geschichte zum Teil in ganz fundamentalen Punkten verändert worden ist, nachdem sie nur vier Zwischenstationen passiert hat; wie eine nur als unwahrscheinliche Vermutung aufgestellte Hypothese beim nächsten zur Wahrscheinlichkeit und wieder beim nächsten bereits zur selbstverständlichen Thatsächlichkeit wird; wie die Schilderung des Zustandes, in dem die Tochter und ihre Behausung sich befinden, in mächtigem Crescendo anschwillt; wie völlig neue Phantasiezusätze eintreten (die Bestrafung der Verbrecherin) und eine Angabe (die Auskunftsverweigerung) in ihr gerades Gegenteil verkehrt wird. Die Wandlungen werden am anschaulichsten, wenn man zunächst die erste und die letzte Niederschrift liest. Ich stelle das Original und die vier Gedächtnisaussagen (umstehend) nebeneinander; in der letzten Niederschrift sind alle Abweichungen vom Inhalt des Originals gesperrt gedruckt.

Anhang II.

Beeinflussung von Kinderaussagen durch Fragen.

(Versuche von Alfred Binet.)

Bei meinen oben geschilderten Versuchen war mit voller Absicht jede Frage ausgeschaltet. Ich wollte zunächst die Wandlungen des Erinnerungsbildes konstatieren, wie sie, unbeeinflußt durch irgend welche äußere Einwirkung, allein durch die in der Versuchsperson selbst liegenden Momente herbeigeführt werden. In dieser reinen Form aber liegen die dem Juristen zugänglichen Aussagen niemals vor; die Zeugen werden gefragt und wieder gefragt, und zwar nicht nur vom Untersuchungsrichter und Richter, sondern schon vorher von Bekannten und Angehörigen: war das und das nicht so und so? Hast Du nicht das und das gesehen? usw. Daß mit diesen Fragen eine neue Fehlerquelle gegeben ist, unterliegt keinem Zweifel; in welchem Grade aber die Fragestellung eine falsche Aussage zu erzwingen oder zu suggerieren vermag, darüber wissen wir a priori nichts; wir sind wieder auf die Inanspruchnahme des Experiments angewiesen.

Der Anfang zu einer experimentellen Behandlung dieses Problems ist in jüngster Zeit gemacht worden und zwar zunächst in Bezug auf die Antworten von Kindern.

Wie dringend gerade die Frage der Kinderaussage (ganz abgesehen von der bewußten Lüge) einer Klärung bedürftig ist, kann man schon daraus ersehen, daß innerhalb der Juristenkreise selbst die divergentesten Anschauungen über die Glaubwürdigkeit kindlicher Zeugnisse bestehen. Von der Ansicht des alten Mittermaier[18]), der auf Kinder als Zeugen garnichts gibt „wegen Oberflächlichkeit und jugendlicher Phantasie" — bis zu H. Groß,

[18]) Die Lehre vom Beweise 1834.

A.	B.	C.	D.	E.
Eine seltsame Entdeckung ist vor einigen Wochen in einem Städchen 6 Meilen von Lyon gemacht worden. In einem ansehnlichen Hause der Stadt wohnte die Witwe eines Beamten. Von ihren zwei Kindern, welche sie einst besessen hatte, war der Knabe wenige Jahre nach dem Vater gestorben, während die hübsche Tochter unmittelbar nach dem Tode des Bruders plötzlich aus dem Hause verschwunden war zur größten Verzweiflung der Mutter, die die Verschollene mit Aufgebot aller Mittel, aber ohne Erfolg suchen ließ. Im Laufe der Jahre hatte sich der Schmerz der geprüften Frau geebbt; sie hatte in lebhaftem Verkehr, zugleich in reger Ausübung von Wohlthätigkeit Vergessenheit gesucht. — Eine anonyme Anzeige bei der Polizei ergab nun das	Ein ganz merkwürdiges Ereignis hat sich jüngst in einer 6 Meilen von Lyon entfernten kleinen Ortschaft abgespielt. Man entdeckte nämlich durch einen Zufall ein schweres Verbrechen; die Sache hatte sich folgendermaßen zugetragen: Vor circa drei Jahren starb in dem erwähnten Orte ein reicher Mann. Er hinterließ eine Frau und zwei Kinder. Bald nach des Vaters Tode starb auch der Sohn und kurz darauf verschwand spurlos die Tochter. Man beachtete den Fall nicht weiter. So waren drei Jahre verstrichen. Plötzlich entdeckte man in dem Fußboden der Küche eine fast unsichtbare Fallthüre, die zu einem Hohlraum führte. Als man weiter forschte, fand man die Tochter der Witwe in einem erbärmlichen Zustande in diesem	Einem merkwürdigen Verbrechen kam man jüngst in einem sechs Meilen von Lyon entfernten Orte auf die Spur. Dort lebte vor drei Jahren eine Witwe mit ihrem Sohne und ihrer Tochter. Da starb plötzlich der Sohn der Witwe und kurze Zeit darauf hieß es auch, daß die Tochter verstorben sei. Nun entdeckte man vor kurzer Zeit in der Küche der Frau eine Fallthür, die in einen kellerartigen Raum hinabführte. Als die Nachbarn dort hinabstiegen, fanden sie dort die zum Skelett abgemagerte Tochter, die	In einem Orte, 6 Meilen von Lyon, kam man jüngst einem merkwürdigen Verbrechen auf die Spur. Dort wohnte eine Wittwe mit einem Sohne und einer Tochter. Der Sohn starb und bald hieß es, daß auch die Tochter verschwunden sei. Alles Suchen nach ihr war vergebens. Da entdeckten zufällig, nach Verlauf von 3 Jahren Nachbarsleute in der Küche der Witwe eine Fallthür, die in einen dunklen unheimlichen Raum führte. In diesen Raum hatte die Mutter, deren Sohn nicht eines na-	In einem Orte, sechs Meilen von Lyon, ereignete sich folgendes Verbrechen: Der Sohn einer Familie, die sich aus Mutter, Tochter und Sohn zusammensetzte, wurde plötzlich ermordet aufgefunden, ohne daß es auch nur im Mindesten gelang, dem Mörder auf die Spur zu kommen. Kurze Zeit darauf vermißte man auch die Tochter; der Verdacht lag nahe, daß hier ebenfalls ein Verbrechen vorliege, welches derselben Quelle entstamme wie das erste. Nach sorgfäl-

Unglaubliche, daß die Tochter gar nicht verschollen, sondern von der Mutter die ganze Zeit hindurch, d. h. $3^1/_2$ Jahre lang gefangen gehalten worden war. Die Polizei fand eine geheime Tapetenthür, die in ein elendes Kämmerchen führte. Hier lag das unglückliche Mädchen in verkommenem Zustande auf ihrem Strohlager. Die unnatürliche Mutter, die gleich in Haft genommen wurde, verweigert jede Auskunft über das Geschehnis. Von den vielen Kombinationen, die überall auftauchen, sei nur eine erwähnt, ohne daß ihr irgend welche Wahrscheinlichkeit beigemessen werden soll: man meint, daß vielleicht der Sohn der Witwe von der Mutter, die das Erbe an sich bringen wollte, aus dem Wege geschafft worden sei, und daß die Tochter, welche zufällig Zeuge des Verbrechens geworden, dann von der Verbrecherin auf diese Weise unschädlich gemacht wurde. Kellerraume. Drei Jahre lang hatte die entmenschte Mutter ihr eignes Kind in diesem dunkeln, schmutzigen Kellerloche verborgen gehalten, ohne ihm Luft und Licht zu gönnen. Welche Gründe konnten die Frau zu einer so scheußlichen That bewogen haben? Alle möglichen Gerüchte wurden vernehmbar. Eine merkwürdige Kombinierung von Ursachen, welche in Umlauf gesetzt worden war, sei angeführt: Man glaubt, die Mutter habe nach dem Tode des Vaters den Sohn aus dem Wege geräumt, um sich dann leichter in den Besitz des ganzen Vermögens zu setzen. Wahrscheinlich wurde sie bei der Ausführung dieses Mordes von der Tochter ertappt, und, um sich der gefährlichen Augenzeugin zu entledigen, sperrte sie sie in dem abgeschlossenen, von niemandem gekannten Raume ein.

bisher für tot gehalten worden war, vor. Das unglückliche Mädchen war drei Jahre lang ohne Luft und Licht bei ungenügender Nahrung in dem Kellerraume eingesperrt gewesen. Der Grund für diese unmenschliche Handlungsweise ihrer Mutter war folgender: Die Frau hatte ihren Sohn, um sich in den Besitz seines Erbes zu setzen, ermordet, war aber bei der That von ihrer Tochter beobachtet worden. Um nun diese Zeugin ihrer That unschädlich zu machen, hatte sie das Mädchen in den Keller gelockt und sie dort die ganze Zeit lang gefangen gehalten. türlichen Todes gestorben war, sondern den sie ermordet hatte, um sich in den Besitz seines Erbteils zu setzen, die um den Mord wissende Tochter hineingelockt u. hielt sie seitdem hier verborgen. Und hier fand man nun das arme Mädchen in jämmerlichstem Zustande, wie es unter beständiger Entbehrung von Luft und Licht und bei ungenügender Nahrung vollständig zum Skelett abgemagert war. Das Kind wurde sogleich in gute Pflege gegeben, die Mutter aber wegen ihrer unmenschlichen Handlungsweise zu lebenslänglichem Kerker verurteilt. tiger und eingehender Untersuchung entdeckte man in der Wohnung der Mutter eine Fallthür, die zu einem dunklen, unheimlichen Raum führte. Hier fand man, zu einem Skelett abgemagert die Tochter vor. Die entmenschte Mutter bekannte sich beider Verbrechen schuldig; das Motiv hierzu war in der Habsucht der Mutter zu suchen; sie wollte eine Erbschaft für ihren Sohn erwerben. Die Strafe, die sie traf, lautete auf lebenslängliches Gefängnis.

der eine ziemlich gute Meinung von Kinderaussagen hat[19]) — und darüber hinaus bis zu dem Standpunkt jenes Staatsanwalts, der da sagte[20]): „Wir haben hier schon Hunderte von Kindern vernommen und haben ihnen immer geglaubt!" — scheinen alle möglichen Abstufungen zu existieren.

In einem andern Kreise von Sachverständigen, dem der praktischen Pädagogen, findet, wie mich dünkt, der Wahrheitswert der kindlichen Aussagen im allgemeinen geringere Schätzung. So formulierte jüngst ein Lehrer[21]) seine Überzeugung dahin: „Was Wahrnehmung und die Aussage darüber anlangt, so unterliegt es keinem Zweifel, daß Kinder hierin noch mehr irren als Erwachsene." Er belegt diesen Satz mit mehreren Beispielen aus der Schulpraxis, von denen hier eines Erwähnung finden möge:

„Ein körperlich zu strafendes Kind erhielt vor dem Lehrpult drei Rutenhiebe. Zeuge war eine Klasse von 52 Kindern. Nach 5 Tagen stellte ich folgende Fragen: „Wer hat gesehen, daß ich F. gezüchtigt habe?" (40 Kinder melden sich . . .) „Wann habe ich gezüchtigt?" (31 sagen den richtigen Tag.) „Zu welcher Stunde?" (26 sagen richtig aus.) „Wieviele Hiebe hat er bekommen?" (24 richtige Antworten.) „Hat sich F. bücken müssen, ehe er bestraft wurde?" (12 Kinder behaupten es fälschlich und zwar 4 von den in den beiden vorderen Bänken sitzenden.) Über den Grund der Strafe erfolgten seitens 35 Kinder — acht verschiedene Aussagen!"

Gerade solche kleinen Proben lassen hoffen, daß hier mit systematischen Experimenten wertvolle Einsichten erschlossen werden dürften. Und in der Thai ist der Anfang, der bisher nach dieser Richtung gemacht worden ist, interessant genug, um einen Auszug an dieser Stelle zu rechtfertigen.

Der französische Psychologe Alfred Binet, der Leiter des psychologischen Laboratoriums der Sorbonne, hat kürzlich unter dem Titel „La suggestibilité"[22]) ein Buch veröffentlicht, das durch eine große Reihe sehr verschiedener Schulversuche erweisen will, welche gewaltige Rolle die normale (nicht hypnotische) Suggestibilität bei Urteilen, Aussagen, Handlungen der Menschen, ins-

---

19) Criminalpsychologie S. 496.

20) In einer Verhandlung, in der die Glaubwürdigkeit des Hauptbelastungszeugen, eines 5jährigen Knaben, auf Grund der Binet'schen Befunde angezweifelt wurde.

21) Agahd-Rixdorf: Kinder als Zeugen. Pädagogische Zeitung XXX, Nr. 45 vom 7. Novbr. 1901.

22) Paris, Alcan 1900.

besondere der Kinder spielt. In diesem Buche ist auch ein Kapitel dem Einfluß der *Frage* auf Kinderaussagen gewidmet (L'interrogatoire, S. 244—329). Die Versuchspersonen waren Schüler mehrerer Pariser Elementarschulen in verschiedenen Altersstufen.

Auch bei B. sind es optische Objekte, über welche Aussagen gefordert werden; sechs Gegenstände: eine Postmarke, ein Sousstück, eine Etiquette des Bon marché, ein Knopf, eine Photographie eines Mannes (halbe Figur) und die Abbildung eines großen Menschenhaufens — waren gemeinsam auf einem Karton befestigt, der den Kindern zwölf Sekunden lang gezeigt wurde. Diese Expositionszeit ist allerdings außerordentlich kurz, namentlich bei der verwirrenden Vielheit der Objekte, auf deren jedes im Durchschnitt nur 2 Sekunden Beobachtungszeit kommen. Dieser Mangel müßte bei einer Neuaufnahme der Versuche vermieden werden, ebenso wie der folgende. B. hat nämlich bei seinen Versuchen stets die Tendenz, das einzelne Experiment mit einer einmaligen Probe zu erledigen, deshalb begnügt er sich mit dem, was die Kinder *unmittelbar* nach der Betrachtung aussagen; es fehlen also die gerade für den Juristen besonders wichtigen späteren Erinnerungsaussagen („sekundäre Aussagen" nach unserer Definition). Immerhin lehren auch die primären Aussagen, die uns B. liefert, recht Interessantes.

Die Versuche wurden mit jedem Kinde einzeln im Zimmer des Direktors und in dessen Gegenwart vorgenommen, so daß schon die äußere Situation ähnlich wie es im Gerichtssaal der Fall ist, einen ernsten, autoritativen und damit stark suggestiven Charakter trug.

Zunächst stellte B. an 24 Kindern Versuche an mit Fragen, die in ihrer Fassung noch nicht eigentlich suggestiv wirkten, sondern nur den Zweck hatten, dem Gedächtnis nach einer bestimmten Richtung hin eine Aussage *abzuzwingen*. Er fragte nach Farbe, Form, Befestigungsart der Gegenstände usw. Schon hier setzt bei manchen Fragen die Häufigkeit falscher Antworten in Erstaunen, während auf andre fast immer richtige Antworten erfolgten. Die Frage nach der Farbe der Marke wurde von 15 unter 24 Kindern falsch beantwortet; 13 sagten richtig aus, daß die Marke ungestempelt war, während 4 den Stempel gesehen haben wollten und ihn sogar auf Verlangen in Form, Stellung und mit Stadtbezeichnung aufzeichneten. Die Befestigung des Knopfes am Karton (er war angeklebt) wurde 21 mal falsch (als angenäht oder angesteckt) angegeben; die Frage, wieviel vom Porträt sichtbar war (es reichte bis etwa zur Mitte des Körpers) erzielte 14 falsche Antworten usw. —

An jedes Kind wurden etwa 40 Fragen gestellt; von den hierauf erfolgenden Antworten waren im Durchschnitt 11 (also 27%) falsch. Das am besten aussagende Kind gab 5, das schlechteste 14 falsche Antworten. —

Eine weitere Versuchsserie bezog sich auf die Wirkung eigentlicher Suggestivfragen; hier hat B. eine sehr geschickte Anordnung erdacht, um den Einfluß von Fragestellungen verschiedener Suggestivkraft quantitativ zu erweisen. Objekte und Beobachtungszeit waren dieselben wie oben, aber an drei verschiedenen Gruppen von Kindern wandte er drei verschiedene Arten von Fragestellungen an.

Die Fragen im Verhör I hatten solche Fassung, daß die Möglichkeit richtiger oder falscher Antworten gleich nahe lag. Beispiele: „Wie ist der Knopf am Karton befestigt?" „Sieht man die Beine des Mannes auf der Photographie oder nicht?"

Im Verhör II hatten die Fragen eine Form, welche die falsche Antwort näher legte als die richtige. Beispiele: „Hat der Mann auf dem Bilde nicht einen Hut auf dem Kopf?" „Hat er nicht die Beine gekreuzt?"

Im Verhör III endlich waren die Fragen geradezu falsch gestellt, sodaß das einzige korrekte Verhalten nicht in irgend welcher Beantwortung, sondern in ihrer Zurückweisung hätte bestehen müssen. Beispiele: „Welche Farbe hat der Faden des Knopfes?" (In Wirklichkeit war überhaupt kein Faden an dem Knopfe zu sehen). „Hat der Mann auf der Photographie das rechte Bein über das linke oder das linke über das rechte geschlagen?" (Die Photographie war ein Brustbild.)

Ich gebe nun die zahlenmäßigen Resultate Binets, die ich in Fehlerprozente umgerechnet habe.

Im Verhör I wurden je 11 Fragen an 5 Kinder gestellt. Durchschnittlich gab jedes Kind 8 richtige und 3 (= 27%) falsche Antworten.

Im Verhör II wurden je 13 Fragen an 11 Kinder gestellt. Durchschnittlich gab jedes Kind 8 richtige und 5 (= 38%) falsche Antworten.

Im Verhör III wurden je 13 Fragen an 11 Kinder gestellt, durchschnittlich gab jedes Kind 5 richtige und 11 (= 62%) falsche Antworten.

Daß die erste Verhörsform 1/4 aller Antworten fälscht, ist keine eigentliche Suggestionswirkung, denn die Fragestellung war völlig indifferent. Aber schon das bloße Vorhandensein von Fragen überhaupt hat jenen Erfolg, weil Fragen einen Zwang zur Aussage darstellen. Momente, die im spontanen Erinnerungsbild vielleicht fehlen oder unentschieden bleiben würden, werden jetzt gewaltsam ergänzt oder nach einer bestimmten Richtung determiniert, damit überhaupt eine Antwort möglich wird.

Suggestion spielt dagegen in der zweiten Verhörsform mit. Die fragende Person erscheint dem Befragten jetzt nicht nur als irgend eine Antwort heischend, sondern als eine Antwort bestimmten Inhalts erwartend; dies Bewußtsein kann, insbesondere, wenn die verhörende Person autoritativen Charakter hat, genügen, um in mehr als einem Drittel aller Fälle die Antwort durch die Suggestion statt durch die Wahrheit bestimmen zu lassen.

Solche Erwartungsfragen sind nun aber gerade im praktischen Leben die weitaus häufigsten. Ehe das als Zeuge vorgeladene Kind vor den Richter tritt, hat die Mutter es schon längst gefragt: Hast Du nicht gesehen, wie der A. das und das gethan hat? Sodann versucht der Richter zwar zunächst, das Kind erzählen zu lassen; wenn es aber stockt und verstummt, kann auch er es nicht vermeiden, Fragen in jener Erwartungsform zu stellen. Und wird mit erwachsenen Zeugen nicht sehr ähnlich verfahren?

Die geradezu irreführenden Fragen der dritten Verhörsform sind ja allerdings in der Praxis viel seltener; aber der verblüffend hohe Prozentsatz der Fehler zeigt doch hier, wie wenige von den Kindern die Selbständigkeit des Denkens und des Willens hatten, die Ungehörigkeit der Frage zu erkennen und zurückzuweisen.

Endlich sei noch eine fernere Versuchsanordnung B.s erwähnt, die die Suggestion durch psychische Ansteckung erweisen soll. Wieder waren die Objekte dieselben; aber diesmal wurden je drei Kinder zusammen verhört, in der Weise, daß, sobald die Frage verlautet war, jedes Kind so schnell wie möglich antworten mußte. Da ergab sich 1. daß gewisse Kinder bald konsequent die Führung der Gruppe übernahmen, andre wieder ziemlich regelmäßig sich mit der zweiten oder dritten Stelle beschieden, und

2. daß unter diesen an zweiter und dritter Stelle erfolgenden Antworten die Hälfte nicht den Charakter einer selbständigen Erinnerung an früher Wahrgenommenes, sondern einer völligen oder teilweisen Nachahmung des eben Gehörten trug. Von hier aus scheinen sich Ausblicke auf die in manchen Monstreprozessen wirkenden „Massensuggestionen" zu öffnen.

Hat auch das Verfahren Binets noch viele Schwächen, so müssen wir es ihm doch danken, einen gangbaren Weg gewiesen zu haben. Es gilt nun, den Weg, unter Vermeidung der oben genannten Fehler, weiter zu gehen, damit die Psychologie der spontanen Aussage die notwendige Ergänzung durch eine Psychologie der Frage und Antwort erhalte. Ihr Leitmotiv mag der treffliche Satz Binets werden (S. 316): „Die Frage bildet mit der Antwort ein unteilbares Ganzes .... Eine Antwort, die von der sie hervorrufenden Frage isoliert wird, repräsentiert einen zweifelhaften Wert!"[23])

[23]) Inzwischen habe ich selbst Untersuchungen von Kinderaussagen in Angriff genommen, deren Methodik eine Verbindung meines bei Erwachsenen geübten Verfahrens mit Binets Fragemethode darstellt. Soweit sich die Resultate bis jetzt überblicken lassen, bieten sie teils eine Unterstützung, teils eine Erweiterung der B.'schen Befunde. Vor allem bemerkenswert ist die verschiedene Zuverlässigkeit der spontanen erzählenden Aussage über Gesehenes und der darauf folgenden Beantwortung von Fragen. Jene liefert 5—10 %, diese 25—30 % Fehler!

Bemerkung zu den Bildreproduktionen. Die nachfolgenden Reproduktionen der zu meinen Versuchen benutzten Bilder zeigen gegen die Originale einen etwas verkleinerten Maßstab, und zwar sind die Längenmaße bei dem Malerbild auf $^2/_3$, bei den beiden andern Bildern auf $^5/_6$ der Originallängen reduziert.

Druck von Leonhard Simion, Berlin SW.

October
1898-

1896.

Kolibri 360 GmbH
Ferdinand-Jühlke-Straße 7
99095 Erfurt, Deutschland
produktsicherheit@kolibri360.de